JN312611

シリーズ『大学の授業実践』3

視写の教育

――〈からだ〉に読み書きさせる

池田久美子
Ikeda, Kumiko

東信堂

視写の教育――〈からだ〉に読み書きさせる――／目次

視写の教育

――〈からだ〉に読み書きさせる――

序論　なぜ視写を課したのか

なぜ視写を課したのか。学生には視写こそが最も役に立つ学習方法だと確信したからである。視写によらなければ、学生の読み書きの力は到底育たないと思ったからである。この序論では、そう確信し、そう思うに到った学生の実態を書く。

第一節　読めない、書けない

勤務していた短大が、ひどい定員割れに陥った。改組はその打開策のはずであった。ところが、改組した途端に直面したのは、学生の低学力であった[1]。

この改組で、私が教えていた教職課程は廃止され、「教育原理」や「国語科教育法」などの授業が無くなった。代わりに教えることになった授業の一つが、新しく出来た「日本語表現」であった。

この「日本語表現」は一年生前期の必修科目である。五人の教員が分担して教える。私は十五人から二十人程度のクラスを二つ受け持った。一クラスの人数は、入学する学生数によって毎年少しずつ違う。毎週一コマ、九十分の授業が四月から七月下旬まで十五回ある。

教職課程は選択制であった。しかも、成績によるふるい落としがあった。だから、短大の中では比較的学力があり、学習意欲のある学生を教えて来た。ところが「日本語表現」は必修である。学力があろうが無かろうが、学習意欲があろうが無かろうが、どんな学生でも教えなければならない。学生の低学力との悪戦苦闘が始まった。

改組元年の授業初日。新聞の投書を読み、それに対する意見を書けという課題を出した[2]。原稿用紙一枚、四百字で書かせ、一時間後に提出させるつもりで、その旨指示した。ところが学生はなかなか書き始めようとしない。三十分経ってもまだ白紙の者があちこちにいる。初めて直面する事態である。これまでこんなことは無かった。三十分も経つと、半数位の学生が書き上げていた。遅い学生でも一時間あれば書けた。

近くに座っている学生に尋ねてみる。

「どうしたの？　書けませんか？」

「むずかしくて書けない……。」

蚊の鳴くような声である。別の学生にも尋ねる。

「意見なんか無い！」

ぶっきらぼうな答が返ってくる。もう一人、呆然と窓の外を眺めていた学生にも尋ねるが、怯えたような目で前を凝視したまま一言も発しない。

結局、一枚しっかり書けた者は数人。大多数が半分も書けていない。白紙かそれに近い者が少なくない。

授業では、この後、学生が書いた作文のどこがどう書けていないか、どう書き改めるべきかを仔細に検討する予定であった。学生が書いた作文は、この授業にとって不可欠の教材である。白紙の作文では、教材にならない。やむを得ず、何とか半分以上書けた作文を教材にする。しかし、白紙かそれに近い者にとっては、どこがどう書けていないか、どう書き改めるべきなのかなど、一緒に考えられるわけがない。そんな授業は役に立たない。それでは到底書けるようにはならないのだ。

この授業では、読書の課題も用意していた。百冊ほどのリストを与え、その中から毎週一冊ずつ選ばせ読ませるつもりであった。リストには、これまで学生によく読まれてきた本を載せた。

内橋克人『匠の時代』
鎌田慧『自動車絶望工場』
佐高信『ＫＫニッポン就職事情』
柳田邦男『ガン回廊の朝』
妹尾河童『少年Ｈ』
松崎運之助『学校』　等

しかし、このリストを与えていいものか。作文が白紙同然であった学生に、この課題は無理ではないか。躊躇した挙句、試してみようと決めた。

結果は案の定であった。読んだ本の書名などを記した「読書カード」を毎週提出させることにしていたが、それが出来る学生は数人しかいない。二、三週間に一枚でも提出できればいい方である。何人もの学生が一冊も本を手に取った形跡すら無く、日にちだけが過ぎていく。一冊全部読まなくてよい。読みやすい部分を楽しんで読めばよい。そう助け船を出しても、やはり読まない。

教職課程の学生にも同じ課題を毎年出してきた。ある日、町の書店の店主が学生の様子を教えてくれた。「このところ学生さんが次々と店に駆け込んで来て、リストを出して『この中で一番薄い本をください。』と言うんですよ。」

毎週一冊ずつ読むというのは、「最初、かなりきつかった。」と学生は後に言った。しかし、学生は努力した。そして、次第に読むことに慣れた。最後は、毎週一冊の読書が快い習慣になった。

「日本語表現」の学生は、この努力が出来ない。何より読む気力が出ない。呼び出して様子を聞いても、へなへなとするばかりで手応えが無い。本を手に取る前に、もう降参しているのである。

文章が書けない。本も読めない。それなら他人（ひと）の文章を書き写してみるか。他人（ひと）の文章を書き写すのなら、自分で文章を考え出さなくて済む。それに、目で追って読むのは頭を使う。頭を使わないと、何が書いてあるかは理解できない。頭を使うのがどうにも苦手であるのなら、代りに手を使おう。手を使って読めばいいのだ。

他人（ひと）の文章を書き写そう。つまり視写をしよう。学生はこの提案に乗ってくる。

「ヤッタ！　それならあたしにも出来ます。」

「それで読んだことにしてもらえるなら、すっごく助かります。」

「何だ、簡単じゃん。丸写しすればいいんだろ？」

しかし、中には「何か面倒……。」と腰が引ける学生もいる。面倒なことは避けて通りたいと思っているらしい。

しかし、文章は書かない、本は読まない、その上視写もしないでは、もう後が無い。「日本語表現」は必修である。この単位を落としたら、卒業が出来なくなる。どうするか。

「やっぱりやるしかないですよね。」

渋っていた学生も観念する。

一冊を視写するのは時間がかかりすぎる。だから、毎週一冊、前述のリストから自分で選んだ本の「はじめに」と「あとがき」を視写する。そうすれば、少なくとも本を手に取るようになる。本との距離が少し縮まる。視写を課す授業が始まった。

第二節　学生の文章

改組して三年目の春を迎えた。「この授業に何を望むか」という題で作文を書かせることにした。書かせるにあたって話をした。

「正直に書きなさい。こんなことを書くと叱られるのではないかなどと恐れて、心にもない綺麗事を書くのはやめましょう。例えば、単位さえもらえればいいのだ、それ以外に望むものなどないのだと本当に思うのなら、包み隠さずそう書きなさい。『こんな授業が無ければ楽できるのに。』『どんな目にあわされるか不安で仕方がない。』その他、模範的な回答とは程遠い話でも、安心して書きなさい。皆さんが何を望み、何を心配しているか、その本当のところを話して下さい。よい授業にするためには、それが必要なのです。授業はそこから始めるべきだと思うのです。……」

学生は書いた。右の話で大分気が楽になったらしい。次々に作文を出しに来る。嬉しそうでもあり、恥ずかしそうでもある。中にはわざわざ「本当のことを書いたので読んで下さい。」と言いに来る者もいる。

学生は何を書いたか。そして、どう書いたか。その文章をお目にかける（原文のまま）。

A　心配な事で、作文が苦手で文が続かないし変な文になってしまって小論文も書けるようになるのか心配です。

B　文章を書くのが苦手で、何をどう書いたらいいか分からないので心配です。こうゆう事を書きたいとか思っても自分でも分からなくなってしまう。

C　私はスピーチと言う物が苦手です。なので、そこは少しおおめに見て下さい。

あと、私は気も小さいし人の顔色をうかがいながらいるので自分から行動して勇気がもちたいです。

D　私は上手に表現する事が出来ない方が強い方です。苦手なものを早くこく復したいです。あと作文を書くのにとても時間がかかってしまうので困った時はたすけてください。

E　〔略〕それと漢字もたくさん書けるようになりたいです。自分でもがんばって勉強します。先生も、できが悪い子だなあ。と思わないで一生けんめい教えて下さい！お願いします。

F　『日本語表現』は必修だからとらなきゃいけないのだけど、とったところで何の得になるのかわかりません。学校に入ったけれど、目的なしで入ったので、授業やって2日目だけど全然この先続けたいとか思いません。親に悪いからなんとか来てるけどすごく疲れます。

右のA・B・C・Dに繰り返し出てくるのは、「苦手」という語である。また、A・Bには「心配」という語が出てくる。これらの学生だけではない。多くの学生が「苦手」「心配」の二語を使う。学生に共通するのは、強い苦手意識である。そしてそれゆえに、学生は一様に「心配」する。授業についていけるのか。叱られるのではないか。馬鹿にされるのではないか。見放されるのではないか。心配が募る。

学生は辛いのである。だから、「早くこく復したいです。」（D）と書く。「少しおおめに見て下さい。」（C）、「たすけてください。」(D)、「一生けんめい教えて下さい！」(E)と訴える。学生はこれまでこのように訴えたことがあったのだろうか。例えばCは「気も小さいし人の顔色をうかがいながらいる」と書く。このCに、「少しおおめに見て下さい。」と訴えることがこれまで出来ただろうか。また例えば、Eは「できが悪い子だなあ。と思わないで」と書く。これまでEは「できが悪い子だなあ。」と哀れまれはしても、必要な助けを得られずに辛さを抱えてきたのではなかったか。

私は学生に「正直に書きなさい。」と要求した。それに応えて学生は書いた。つまり学生は信を示した。「日本語表現」は、その信に応えなければならない。学生の辛さに正対し、学生が「苦手」を「こく復」するのを助けなければならない。例えばFに「とったところで何の得になるのか」と再び言わせてはならないのである。

たどたどしい文章である。学生が書く文章は、小学生特有の表記、語法を未だに引きずっている。「心配な事で、」(A)(波線引用者、以下同じ)と話題を提示する語法。「こうゆう事」(B)という表記の誤り。「なので」(C)、「あと」(C・D)、「それと」(E)という接続詞的語法。「もちたいです。」(C)、「こく復したいです。」(D)という語法。小学生時代に身につけた表記、語法であろうが、その後の成長が見られない。

さらに、「スピーチと言う物」(C)、「こく復」(D)という表記の誤り。「顔色をうかがいながらいる」「自分から行動して勇気がもちたい」(C)、「出来ない方が強い方です。」(D)という語法の乱れ。この片言。このしどろもどろ。書いている学生も苦しいだろうが、読まされる側も苦しい。

これらの誤り・乱れは読み書きの経験が絶対的に不足しているから生じる。読み書きの経験が絶対的に不足していては、表記、語法の規準が確立できない。つまり、安定した文体が形成できない。安定した文体は、表記の誤り、語法の乱れを防ぐ装置である。この装置を欠いているから、書いていて苦しいのである。

読み書きの経験が絶対的に不足している事態を何とかしなければならない。読み書きの経験を積ませなければならない。しかし、前の第一節で指摘した。学生は「文章が書けない。本も読めない。」（六ページ）。だから、作文を課しても読書を課しても掛け声だけに終わる。実質的に読み書きを経験させるに到らない。しかも、少々の課題をこなす程度では全く足りない。もっと大量の読み書きが要る。

ゆえに、視写がよい。読み書きの経験を積ませるために、継続的で大量の視写を課す。「はじめに」「あとがき」程度ではなく、もっと大量の視写を課す。この視写が学生を助ける。学生が「苦手」を「こく復」する助けになる。この視写で、学生の信に応える。

第三節　視写を課す

改組後五年目に次のような授業をした。その実践報告を引用[3]する。

今年の「日本語表現」の授業では、二七名の履修者全員に視写を課した。視写させたのは、石坂公成「私の履歴書」（日本経済新聞二〇〇五年三月連載、全三〇回）。全て視写すると、四〇〇字詰原稿用紙一一〇枚ほどになる。当然、半期一五回の授業時間内で行うことは無理である。だから、学生は授業の外（授業時間外）で書く。家で、自分の机に向かって書く。一日一五分から三〇分程度、原稿用紙一枚乃至二枚をめどにする。少しずつ、しかし、毎日書く。そうすれば、早い者で一ヵ月半、遅くとも四ヶ月で完成する。四月半ばから始めれば、授業が終わる七月にはほぼ全員が仕上がる計算になる。「授業の外で、少しずつ、しかし、毎日」——これを大原則として、視写を課した。〔略〕

授業〔授業時間内〕では、視写はさせない。あくまでも、授業の外〔授業時間外〕でさせる。しかし、半年間学生に任せて放っておいたのでは、学生は挫折する。途中で続かなくなり、放棄してしまう。学生は、毎日机に向かうこと自体、苦手である。だからこそ、毎日机に向かう習慣が出来るよう、常に支えなければならない。努力を認め、励まし、進歩を見逃さず評価しなければならない。そのために、授業の外〔授業時間外〕で、継続的な個人指導を行った。〔略〕個人指導は、毎週一回、一人一〇分から二〇分程度を充てた。四月半ばから夏休みを挟んだ一〇月まで、一人一三回、実施したことになる。

指定された時間になると、学生は今までの視写原稿を持って、研究室にやってくる。最新の一週間分の原稿は、授業時に予め提出させてある。前もってチェック、コメントを入れるためである。短時間に要点を逃さず指摘し、次の一週間の課題を明確にし、態勢を整えさせるには、これが不可欠である。〔略〕

個人指導にあたっては、二七名それぞれにカルテを用意した。学生の視写原稿に見られる「症状」について「診断」を下し、「処方箋」を出し、「治療」する、その全過程を記録するためである。〔略〕また、カルテには、学生の状態・反応も記す。視写をいつ、どのくらいの時間行っているか。どんな場所で、どんな姿勢で行っているか。視写の過程でどんな文体の特徴を発見したか。視写した範囲の内容についてどんな意見・疑問を持ったか。これらの点について、加えた指導も含めて記録する。

右の方法で視写を課した。なるべく「継続的で大量の視写」を課そうと努めた。ただし、半期の授業期間に百十枚というのが「継続的で大量」かどうかは、基準による。例えば浅田次郎氏の視写量に比べれば、微々たるものである（氏の視写歴は何十年にも及ぶ[4]）。しかし、学生にとっては生まれて初めての「継続的で大量の視写」である。教師としてはせめて一年間試みたかったが、当時、通年の授業が全廃になっていた。半期で百十枚が限界であった。

それでも、この制約の中で十三回の個人指導を行った。個人指導を重ねると、視写の過程で学生の身に何が起きているかが見えてくる。学生が何を学び、どう変わりつつあるかを追跡することが出来る。それが可能な程度には「継続的で大量の視写」を課したことになる。

研究室は視写の教育の現場であった。学生は毎週、それぞれの局面に特有の問題を抱えてやって来た。例えば視写を始めたばかりの頃の学生は、手が痛いの、肩が痛いの、力が入り過ぎて腱鞘炎になったのと訴えて来た。問題は、視写原稿に明瞭に表れている場合もあれば、学生の話につき合っているうちに見えてくる場合もあった。どれもが、視写の教育の現場だからこそ出会える問題であった。そして、どれもが視写の教育を論じるのに避けては通れない問題であった。思考が刺激された。

学生が視写することになった「私の履歴書」[5]の筆者、石坂公成氏は、一九二五年生まれの免疫学者である。免疫とアレルギーのしくみを研究し、照子夫人と共に、世界で初めてアトピーに関与する免疫グロブリン、IgEを発見した。一九六二年から一九九六年までの三十年余りの間、アメリカで研究生活を送った。

この石坂氏の「私の履歴書」を視写の教材に選んだのはなぜか。次の三つの理由による。

(1) 正直で飾らない、簡潔な文体だからである。この文体を学生に学ばせたかった。
(2) 学生に読ませたい内容であったからである。個人史において昭和という時代を具体的に知ってほしかった。
(3) 新聞を読むきっかけになるからである。経済新聞は学生には読みにくい。しかし、「私の履歴書」なら読める。石坂氏の連載は、授業が始まる直前の三月であった。新しいほど学生をひきつける。

先の拙論の引用にあったが、視写とそれに対する個人指導は「日本語表現」の授業時間外に行った。本来の「日本語表現」の時間には、作文指導をした。この作文指導は次の四つの内容から成り立っていた。

(1) 手紙文／親への近況報告を書く。
(2) エントリー・シートを書く。
(3) 会社への送付状を書く。
(4) 意見を書く。

学生はこれらの様々な型の文章を書き、それを相互に分析・検討し合った。この分析・検討の過程で視写の話題はよく出たが、視写自体はさせなかった。一週間分の視写原稿を提出させるに留めた。提出させたのは、翌日、あるいは翌々日の個人指導の前に私が目を通し準備するためである。

この作文指導と、授業時間外で行った視写ならびに個人指導とは、どう関係するのか。この問題は、第六章第一節「量」で詳しく論じる。

視写は単調・単純な活動に見える。他人（ひと）が書いた文章を視て、その通りに写すだけだからである。はじめ、「馬鹿でも出来る。」と自嘲気味に言う学生がいた。

大学の教員からは、「大学や短大でそんなことをさせるの？」と怪訝な顔をされた。「高度な学問を教えるはずの高等教育機関で、視写ですか。」「おたくは短大だからねえ。うち（四年制大学）はそこまで学生の質が落ちてないから、視写なんか考えたこともないけど。」頭を使わずにただ写すだけの単純作業、労力だけかかる初歩的な学習法――これが、大学における一般的な視写観である。

本書は、この視写観に対する批判である。視写を馬鹿にしてはいけない。視写でこそ学び得ることがある。それを明らかにする。

木田元氏は、「私の履歴書」（日本経済新聞二〇一〇年九月二一日）で次のように書いた。

> 旧制大学は学部が3年だったが、よく勉強した方だろう。敗戦直後のこのころは、まだ洋書の輸入が途絶しており、演習で読むテキストも図書館から借りたもの。書き込みもできないので、次の時間読む分を全部手書きでノートに写していた。ドイツ語ならまだいい。ギリシア語のテキストを写したこともある。
> 20世紀のただなかに、2年間くらい、中世の写字生のような経験をした。むろんコピー機などない時代の話だ。

コピー機が普及して、視写が要らなくなった。ワープロ、パソコンが普及して、手書きしなくて済むようになった。かつては論文で誰かの論を引用するのに視写をした。視写するといろいろ写し間違えた。それが「コピペ（copy and paste)」で済むようになった。写し間違える心配がなくなり、能率が上がった。

しかし、それによって失われたものがある。視写でこそ学べることが学べなくなった。写字生が時間と労力をかけて得たものが忘れ去られた。それは、学問するための基礎体力である。

本書の題は『視写の教育』である。視写が学生をどう鍛え、どう育てるのか。視写が学生を鍛え、育てることが出来るのは、なぜなのか。この問いに答えるために、本書を書く。だから『視写の教育』という題をつけた。

第一章　読み書き教育は体育である

第一節　学生の〈からだ〉

視写の個人指導はどのように始まったか。「カルテ」に基づいて、四月の指導事例を紹介する。紹介するのは、男子二名、女子一名の三つの事例である。併せて、この三名が指導の結果どう変わったかも書く。

《指導事例1》

男子学生に対する二回目の個人指導である。「前回のと比べると見違えるほど良くなった。字が濃く、大きくなった。」と褒めた。すると学生はあまり喜ばずに言った。

「腱鞘炎になっちゃった。」

前回の視写原稿（**図1-1**）は字が薄くて小さかった。あまり崩さない生真面目な字ではあるが、筆圧が弱いのである。「気が抜けたような字ですねえ。」と言うと、学生は自分の字を改めて眺めて、「確かに。」と頷いた。

4/21
我々が来た道
人生は偶然の重なり
仕事でも妻との二人三脚
七十九歳になった私はいま、ワイフの照子
が生まれた山形市に住んでいる。東京大学医
学部を卒業したのだが、臨床医にはならず研
究者、教育者の道を歩んだ。取り組んだのは
誰もが一度は耳にしたことがあるだろう免疫
学である。

図1-1　《指導事例1》の学生／前回の視写原稿

4月21日に書いた。石坂公成「私の履歴書」①冒頭部分である。《指導事例1》ではタイトル部分の直しは教師、本文中の直しは学生による。

今回の視写原稿（図1－2）は違った。字が確実に濃くなった。学生は意識して強い筆圧で書いたと説明した。ところが、すっかり無理をした。強い筆圧で字を書き続けるうちに手を痛めた。「へばった。」と学生は大息をつく。「部

4/23
父の言葉
「最も大切なのは着眼」
後の研究での道で重み知る
私は大正十四年（一九二五年）十二月三日
に父・弘毅《こうき》、母・きくの子として東京に
生まれた。当時父は四十八歳で本郷連隊区司
令官の陸軍大佐であった。若いころに日露戦
争に従軍したという。父は六男二女の長男で、
家が貧乏だったため学費が要らない陸軍士官
学校に進んだ。三人の弟たちは東大法学部を
出た。

図 1-2　《指導事例 1》の学生／今回の視写原稿

1 回目の個人指導日の翌々日、4 月 23 日に書いた。石坂公成「私の履歴書」②冒頭部分である。

活も疲れるけど、これ〔視写〕も疲れます。結構、きついです。手が痛いから、もう、ちょっとずつしか出来そうにないです。」

　助言する。

「Bか2Bの鉛筆に替えてごらん。手の負担が少し軽くなるだろうから。構わないからゆっ

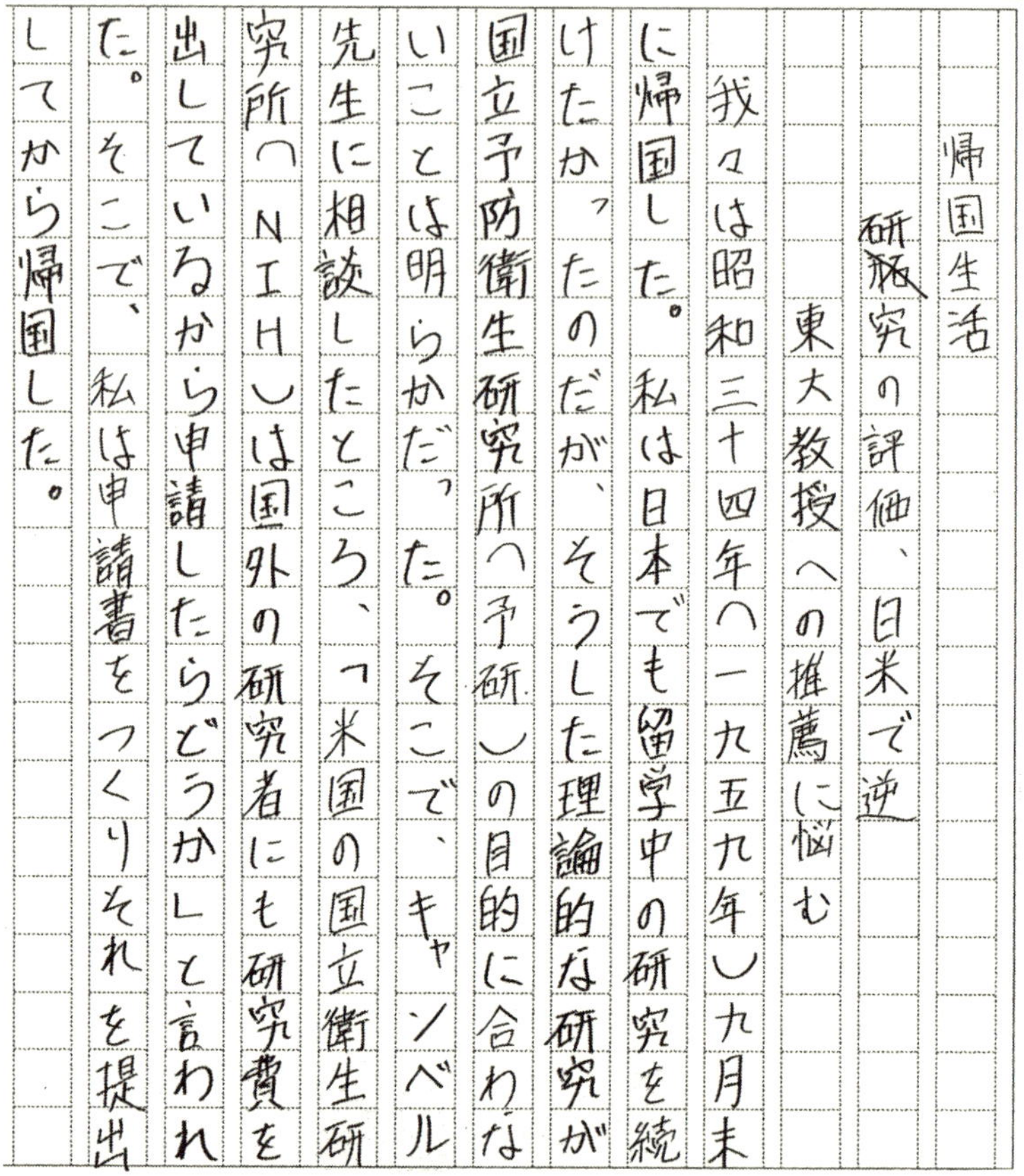
帰国生活
研究の評価、日米で逆
東大教授への推薦に悩む
我々は昭和三十四年（一九五九年）九月末に帰国した。私は日本でも留学中の研究を続けたかったのだが、そうした理論的な研究が国立予防衛生研究所（予研）の目的に合わないことは明らかだった。そこで、キャンベル先生に相談したところ、「米国の国立衛生研究所（ＮＩＨ）は国外の研究者にも研究費を出しているから申請したらどうか」と言われた。そこで、私は申請書をつくりそれを提出してから帰国した。

図 1-3 《指導事例 1》の学生／七月の視写原稿

書いた日は不明だが、7 月 7 日以降、10 回目の個人指導日の 7 月 13 日までの間である。石坂公成「私の履歴書」⑭冒頭部分である。

くり少しずつ進めるとよい。焦る必要はない。でも、時間を決めて毎日続けなさい。」

　視写が後半に入った七月の視写原稿（**図 1-3**）を見ていただきたい。四月の視写原稿（**図 1-1**、**図 1-2**）と比較すると、変化が分かる。緊張が解け、大振りで伸びやかな字になった。この頃、「手が痛い。」とも「疲れた。」ともう言わなくなった。（「カルテ」の記録では、六月まではまだ言っていた。）

　視写が完成した時、学

生は書いた。

「私は日に書く量が少なかったから提出日ギリギリまで粘って仕上げた。」

「ゆっくり少しずつ進めるとよい。」と助言したら、本当にその通りになった。夏休みが近付いてもまだ終わりそうにないので、「そろそろペースを上げてみようか。」と勧めたことがある。しかし学生は、「今のペースを変えずにやる。」と応じなかった。完成したのは八月末日。四ヵ月半かけて完成させた。

《指導事例2》

女子学生に対する初回の個人指導である。

「先生、私、腎臓が悪くて無理できないんです。それで、百十枚も視写できるか全然自信がありません。」

確かに顔色が悪い。生気が無い。むくみもある。暑くもないのに汗が吹き出ている。

しかしよく聞いてみると、意外に夜更しして暮している。勉強はしない。夜中の二時までテレビを眺めたりぼんやり音楽を聴いたりして、所在なく時間を潰している。だから朝起きるのが辛い。一日中、疲労感がとれない。「そういう生活は短大に入学してからですか。」と尋ねると、「高校の時からずっとです。」と答える。それでは遅刻しただろうと言うと、「はい。でも早く行かなくていい日もあったので。」と言い訳する。

図1－4を御覧いただきたい。視写原稿の字は大きくなったり小さくなったりして定まらない。筆記用具が自分の〈からだ〉の一部になっていないのだろう。字形が乱れている。学生は「なかなか進みません。」と半泣きである。十分もたないのだと言う。

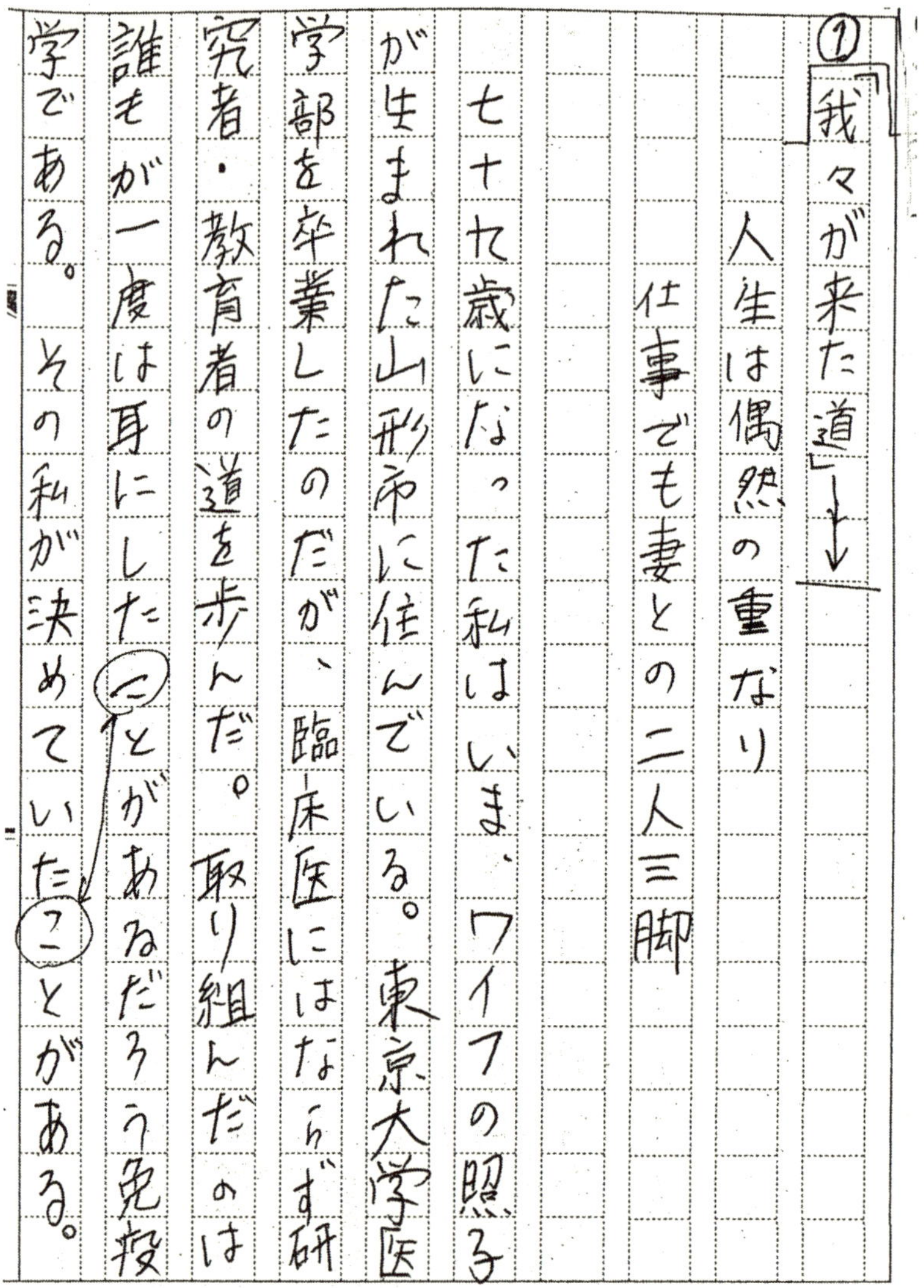

①「我々が来た道」
人生は偶然の重なり
仕事でも妻との二人三脚
七十九歳になった私はいま、ワイフの照子
が生まれた山形市に住んでいる。東京大学医
学部を卒業したのだが、臨床医にはならず研
究者・教育者の道を歩んだ。取り組んだのは
誰もが一度は耳にしたことがあるだろう免疫
学である。その私が決めていたことがある。

図 1-4 《指導事例 2》の学生／四月の視写原稿

4 月 17 日に書いた。石坂公成「私の履歴書」①冒頭部分である。直し、書き込みは教師による。

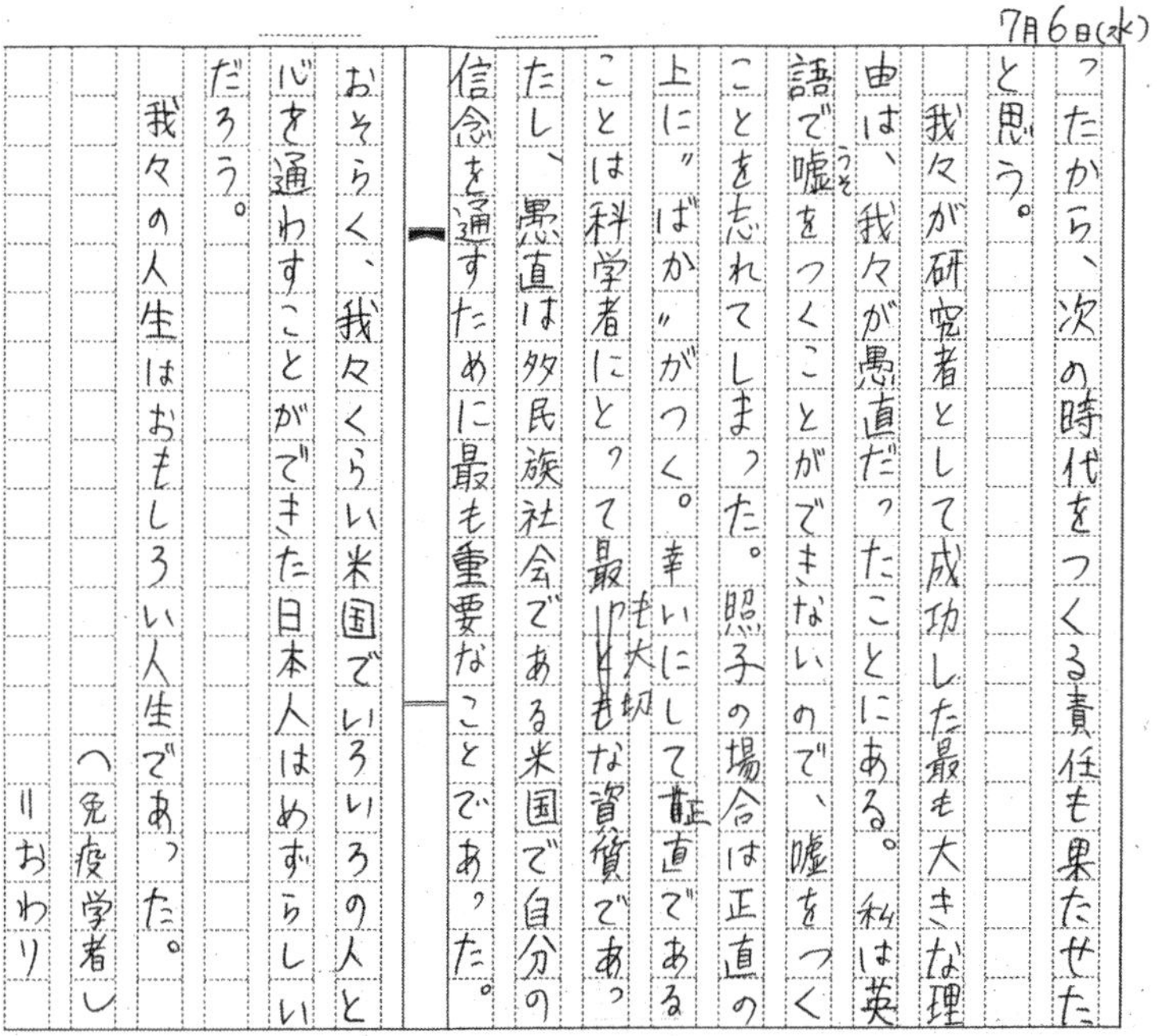
7月6日(水)

ったから、次の時代をつくる責任も果たせたと思う。
我々が研究者として成功した最も大きな理由は、我々が愚直だったことにある。私は英語で嘘《うそ》をつくことができないので、嘘をつくことを忘れてしまった。照子の場合は正直の上に"ばか"がつく。幸いにして正直であることは科学者にとって最も大切な資質であった。愚直は多民族社会である米国で自分の信念を通すために最も重要なことであった。
おそらく、我々くらい米国でいろいろの人と心を通わすことができた日本人はめずらしいだろう。
我々の人生はおもしろい人生であった。
（免疫学者）
＝おわり

図 1-5　《指導事例 2》の学生／七月の視写原稿

7月6日に書いた。石坂公成「私の履歴書」㉚最終部分である。直しは学生による。

そこで、次の約束をさせる。

視写は毎日一枚とする。それ以上はしない。夜九時になったら視写を始める。途中、休憩を入れてもよい。一枚書き上げたら、寝る。

学生に言う。

「この約束を守りなさい。そうすれば、百十枚の視写は完成します。心配することはない。」

図1‐5は学生の視写原稿の最終ページである。七月になっていた。字の大小の不揃いが消え、字形が安定している。この頃、以前と比べて顔色が良くなった。むくみが減少し、生気が戻った。「朝早く起きて、夜は視写をした後早く寝て、規則正しく暮らしています。」とのことである。「この前病院に行ったら、先生〔主治医〕に体調良

くなってきたねと言われました。」

最後に学生は書いた（原文のまま）。

視写が宿題として始まりました。宿題といったら、小学校の頃は普通にやっていたが、中・高校時代は緒〔諸〕事情により宿題というものをほとんどやらず、家で集中して頑張れるか不安でした。最初の頃ゴールデンウィーク辺りまでは予想通り十分も出来ず先が不安でした。おまけに字も安定してないし、今もそうですが字が汚いです。しかし、五月中旬以降に徐々に慣れもでてきたのか、文章を書くペース配分が良くなってきました。字の濃さや大きさも整ってきたのもこの頃です。

〔略〕視写を通して変わったことは文章を長めの文が結構、覚えられるようになったこと、集中力が上がったこと、ボールペンを使うことが慣れてきたことです。〔略〕三ヵ月間授業を教えてもらいありがとうございました。これからも迷惑をかけますが、よろしくお願いします

《指導事例3》

その男子学生は授業中、誰とも関わることなく一人離れて座っていた。大儀そうに椅子の背にもたれ、時々貧乏ゆすりしている。青白い顔に弱々しい体つき。ほとんど日に当たらずに暮らしているのではないかと思われた。それに、授業を受ける姿勢が均衡を欠いている。どこか危なっかしい印象を受けた。

その学生が研究室にやって来た。まずは緊張をほぐすために、どこかクラブに入ったかと聞く。案の定、どこにも入っていない。「どうして？」と聞くと、学生は答える。「通学に時間がかかる上に電車の本数が少ないから

遅くなると困る。そもそも入る気がしないし……。」そのやりとりの後、視写原稿を広げて、私の方から問題点を指摘し始める。

「君の書いた平仮名の『れ』は『わ』にしか見えない。漢字の『耳』は、字の基本を守って書こう。突き出してはいけない所は突き出さずに書きなさい。……」

すると、学生の手が震え出し、呼吸が荒くなった。発作が起きそうな様子である。気分が悪いのか、大丈夫かと尋ねると、「別に。何でもありません。」と答えるが、尋常ではない。細かい注意が癇に障ったとしても、反応が過剰である。

学生には、その注意を受け止めるだけの余裕が無い。それだけは確かであった。以後、細かい注意は止めた。代りに、視写して気付いたこと、思ったことを自由に語らせるようにした。こちらはその話に耳を傾ける。いい発見は褒める。その発見についての対話をこちらも楽しむ。学生に余裕が生まれるまで、注意はしない。指示もしない。

後日、学生に一日の生活時間を図に書かせた。曜日によって違うと言うので、一週間、記録させた。それが**図1－6**である。

通学以外、テレビ、ゲーム、携帯電話しか無い生活である。学生は自分のことを「夜行性」だと言った。確かにその通りである。学校がなければ朝まで起きている。夜通し遊んでいる。

学生は、「学校の夜のプール」「誰もいない教室」「自分のフトンの中」を好むと作文に書いた。他人（ひと）を避け、他人（ひと）と関わらない生活である。これでは細かい注意など受け止められるわけがない。他人（ひと）の干渉が

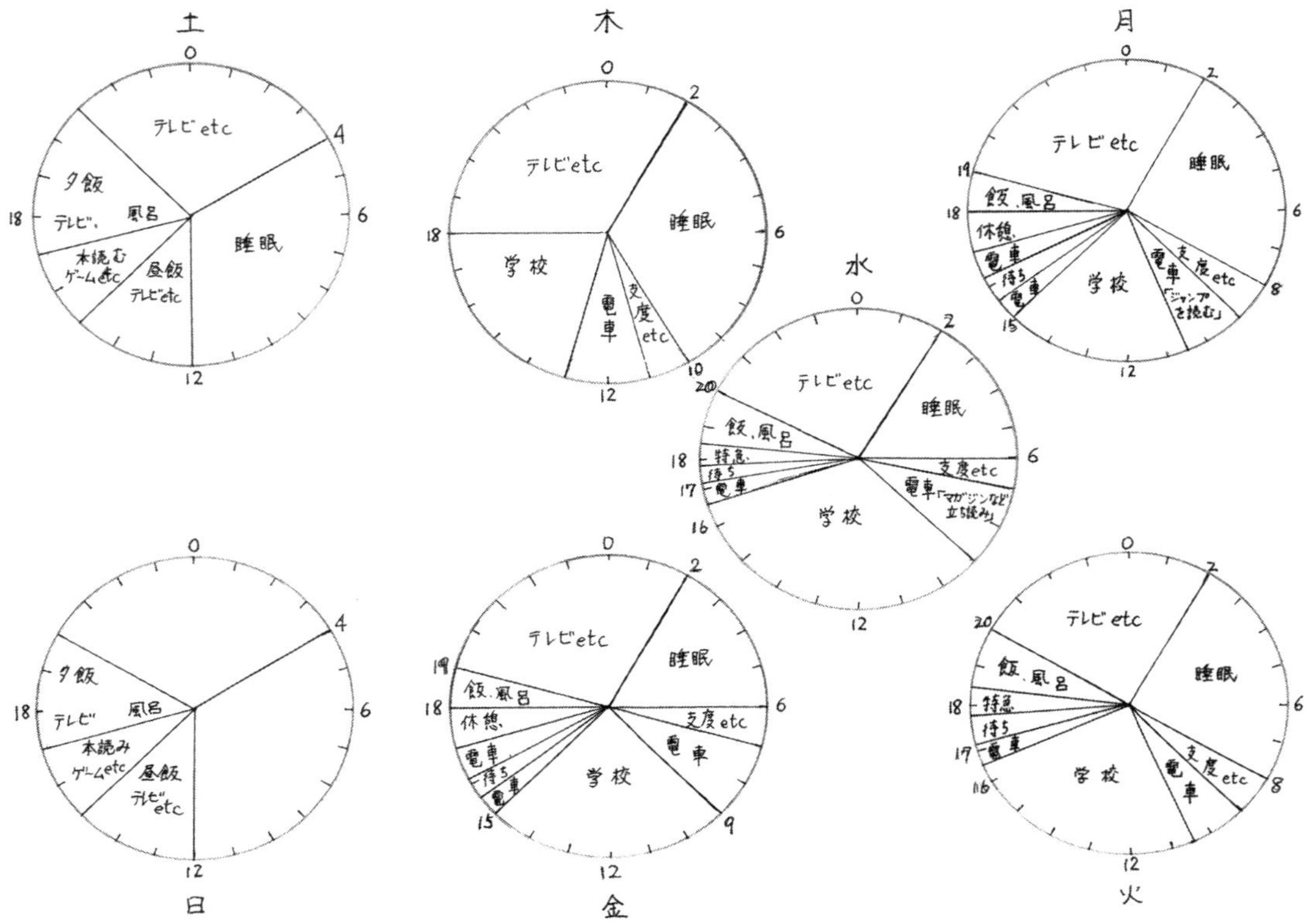

図 1-6 《指導事例 3》の学生／一日の生活時間

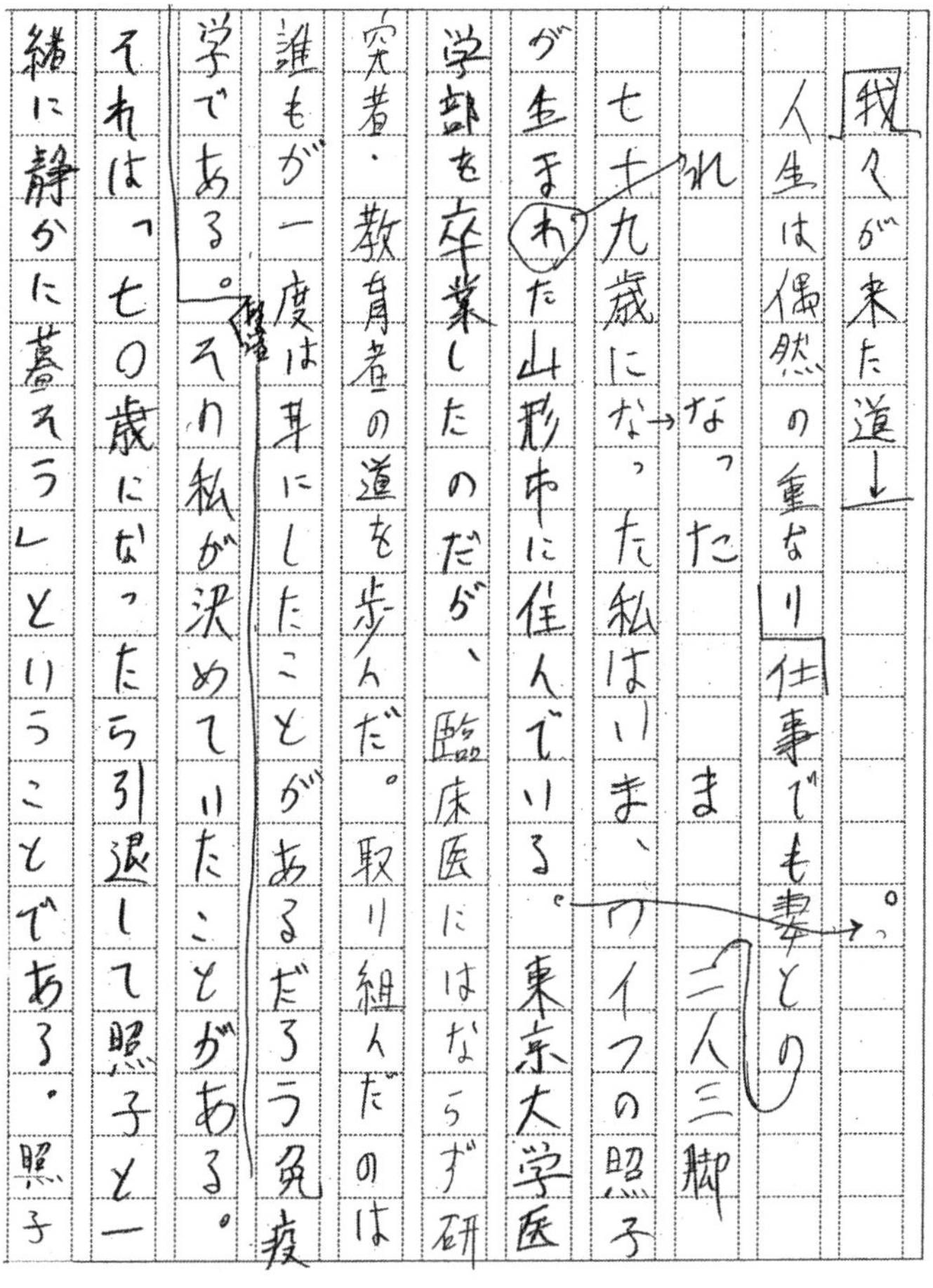
我々が来た道
人生は偶然の重なり　仕事でも妻との
れ　なった　ま　二人三脚
七十九歳にな→った私はいま、ワイフの照子
が生まわた山形市に住んでいる。東京大学医
学部を卒業したのだが、臨床医にはならず研
究者・教育者の道を歩んだ。取り組んだのは
誰も一度は耳にしたことがあるだろう免疫
学である。それ私が決めていたことがある。
それは「七〇歳になったら引退して照子と一
緒に静かに暮そう」ということである。照子

図 1-7　《指導事例 3》の学生／初回の視写原稿

4 月 14 日に書いた。石坂公成「私の履歴書」①冒頭部分である。「段落」の直しは学生による。それ以外の直しは教師による。

絶対に嫌なのだ。生理的に受け付けられないのだ。

　しかし多分、学生は他人（ひと）と関わりたいと思っているはずである。それがうまく出来ないがゆえに、「一人になりたい」と思うのであろう。安心して話をすることが出来て、相手が自分を認めてくれていると分かれば、次第に細かい注意を受け止める余裕が生まれるであろ

我々は昭和三十四年（一九五九年）九月末に帰国した。私は日本でも留学中の研究を続けたかったのだが、そうした理論的な研究が国立予防衛生研究所（予研）の目的に合わないことは明らかだった。そこで、キャンベル先生に相談したところ、「米国の国立衛生研究所（NIH）は国外の研究者にも研究費を出しているから申請したらどうか」と言われた。そこで、私は申請書をつくりそれを提出してから帰国した。

図1-8 《指導事例3》の学生／六月の視写原稿

6月23日に書いた。石坂公成「私の履歴書」⑭冒頭部分である。

う。そう判断した。

学生は毎週、研究室にやって来た。一度も休んだことはない。過剰な反応もその後は見たことがない。

学生の初回の視写原稿（**図1-7**）と、六月の視写原稿（**図1-8**）とを比べて見る。初回の字は投げやりであった。ひきつり、苛立っていた。六月の視写原稿では、それが消えている。字が安定している。図1-8には無いが、この頃の視写原稿には、教師による字形の直しが入っている所も少しある。細かい注意でも、落ち着いて耳を傾けられるようになった。

最後に学生は書いた（原文のまま）。

　4月頃からこの視写を始めて面倒臭いと思った。終わった今でも面倒だったと思っている。毎日、机に向かって書くという継続することは自分には不向きだった。実際はペースはデタラメでやらなかった日もあったが、とりあえず続けてみた。〔略〕後半になってくるとペースがあがってきた。それで終わらせることができた。自分でもわりと集中できていたとも思う。電車の中でやったこともあったが、さすがに揺れてかきず〔づ〕らかった。三十回分を全部まとめてみるとよくやったと思う。総数百二十枚ほどだから、三回も購買に買いに行った。

以上の**《指導事例1》《指導事例2》《指導事例3》**に共通する問題は何か。

字を書く〈からだ〉が出来ていないという問題である。視写しようとしても字を書く〈からだ〉が出来ていない。だから故障が起きる。あるいは、なかなか進まない。字を書くこと自体に苦労する。

《指導事例1》の学生は、力の入れ方を調節できない。筆記用具を持つ手に力が入り過ぎ、その力をどこで抜くのか分からない。書いている間中、手は緊張し続ける。〈からだ〉が筆圧の強い字を書く学習をしていないのである。

この学生は、字を書き続ける経験をほとんどしてこなかったと言う。せいぜい、テストで単語や記号を書く程度であったと言う。字を書き続けるためには字を書く姿勢を維持しなければならない。姿勢を維持するには、そのための筋力が要る。机の前に座り字を書く姿勢をとる上体。とりわけ、頭を支える首、肩。そして、その上体を支える足腰。その全ての筋力が要る。それが弱い。鍛えられていない。だからすぐに疲れる。辛くなる。姿勢が崩れる。筆記用具を持つ手ばかりに負担がかかる。

この学生だけではない。何人もの学生がそうである。「カルテ」には、手が痛い、首が痛い、肩を痛めた、手をひねった、等々の訴えが記録されている。

これらの学生は概して楽な姿勢を取りたがる。例えば授業中は、すぐに机や椅子の背にぐったりともたれかかる。すぐに頬杖をつく。片手どころか両手で顎を支える。机に顎を乗せる。休み時間になると、すぐに床にしゃがみ込む。所かまわず寝そべる。

これでは到底、字を書く姿勢を維持することは出来ない。書けと指示されても、〈からだ〉が弛緩したままである。

《指導事例2》の学生は、代謝がうまくいっていない。だからむくみ、疲れ、発汗する。その上、日頃机の前に座ることがない。筆記用具も持たない。だから当然、机の前に座り筆記用具を持って字を書くための筋力が無い。当初、視写しようとしても十分も〈からだ〉がもたず、息が上がったのは、それらに原因がある。

字を書き続けるには、代謝を整え、筋力をつけなければならなかった。早寝早起きの規則正しい生活に変えるだけではなく、医師に相談させて軽い運動も加えた。つまり、〈からだ〉を動かさずに夜遅くまで座り込んで過ごす生活を変えねばならなかった。

《指導事例3》の学生が視写を「面倒臭いと思った」のは当然であった。この学生の〈からだ〉は、深夜まで（または明け方まで）テレビを見続ける〈からだ〉である。それは、視写を継続するのに「不向き」の〈からだ〉である。

テレビ漬けの生活に、視写が入ってきた。それは、今までとは違う〈からだ〉を要求する。テレビの前に座り込み寝そべる、弛緩した〈からだ〉では視写は出来ない。机に向かって身構え、その姿勢を維持しないと、視写は出来ない。まずは、身を起こすことから始めなければならない。

「後半になってくるとペースが上がってきた。」「わりと集中できていたとも思う。」と学生は書いた。当初の弛緩した〈からだ〉では、こうはならない。当初は、ペースは遅く、集中できず、投げやりであった。学生は「とりあえず続けてみた」。その過程は、字を書く〈からだ〉をゆっくり獲得していく過程であった。それは、時間のかかる緩慢な変化の過程であった。

第二節　〈からだ〉とは何か

大久保忠利氏の「コトバの網」の図（**図1－9**）がある。氏はこの図を次のように説明する[6]。

1　「網」そのものの形では存在しませんけれど、「言語能力」というものがまず人間の大脳に存在することは事実です。

2　この「コトバの網」の図は、人間に存在する言語能力を、見てわかるように図にしたものですが、そのハタラキはほぼそこに示されているとおりです。

〔略〕

1　について――頭部に傷や出血で障害が起こると、その大脳皮質にある言語中枢が侵されて、コトバがつかえなくなります。それが「失語症」です。

〔略〕

2　について――これは言語の能力の諸成分をおさえて図にしたものですが、言行為というものがつぎの四つの内部構成からできていることを示しておきました。

①**客観的対象**（外にあるもの・ことおよび自分の考え・他人の考え）がある。

②**話し手**における認識・思考⇅外内言行為

③外内言行為が瞬間ごとに（音声・文字による）**言作品**として結晶される。

④言作品は、**聞き手**によって感覚器官で知覚されつつ、理解されていく。また、**話し手**は、自分の言作品を自分で受けて、さらに「コトバの網」に参加させて（フィードバック）、認識・思考をさらに発展させる。

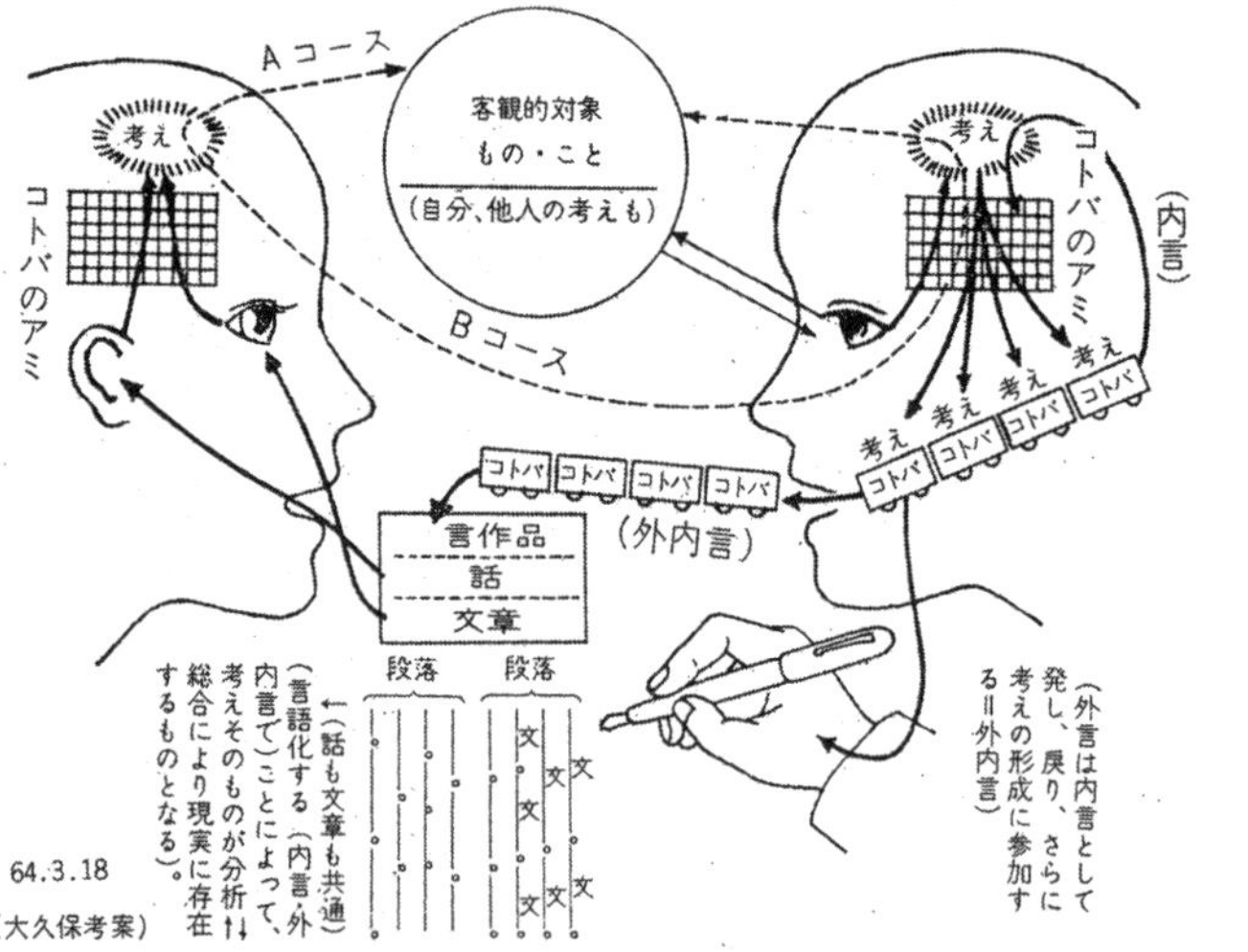

コトバの網と外内言行為

図 1-9　大久保忠利「コトバの網」の図

大久保忠利『日本文法の心理と論理』国土社、1974 年、29 ページ。「コトバの網と外内言行為」という名称の図であるが、大久保氏自身がこれを本文中（28 ページ）では「『コトバの網』の図」と呼んでいる。

問う。

この「コトバの網」の図は、三人の学生が抱えていた問題を説明できるか。三人の変化を説明できるか。三人が抱えていた問題への対処法を示すことが出来るか。

氏は、「言語の能力の諸成分をおさえて図にした」と右の「2　について」で言う。氏が考えるその「諸成分」とは何か。

氏の「コトバの網」の図(**図1－9**)にあるのは、「客観的対象」、「コトバ」、「考え」、「言作品」、そして「コトバの網」に置き換えられた大脳である。それに、図で描かれた目、耳、口、筆記用具を持つ右手が加わる。それらをいくつかの回路が繋いでいる。氏が考える「諸成分」とは以上である。氏はそれらのみで「言語の能力」を説明できると考えている。つまり、それらのみで「言行為」(同じ「2　について」における大久保氏の用語)が成り立つと考えているのである。

「コトバの網」の図に描かれている人間は、筆記用具と紙との摩擦による抵抗を感じることはない。筆圧が強かろうと弱かろうと、そんなことに影響を受けることなく「言作品」を生み出す。

だから、**《指導事例1》**の学生のように、腱鞘炎になる心配はない。**《指導事例2》**の学生のように、手が筆記用具に慣れず、それを異物と感じる感覚も無い。「コトバの網」の図では、手は、筆記用具を使って「コトバ」を表出する回路しか与えられていないからである。手が受容する刺激を脳に伝える回路が存在しないのである。

また、「コトバの網」の図に描かれている人間は、首や肩の痛みを感じることもない。そもそも首や肩自体が存在しないからである。存在するのは頭部と右手だけである。頭部を支える首と肩、それに続く、机に向かって身構える上体、その上体を支える足腰――これらが協働して字を書く姿勢を成す。ところが「コトバの網」の図に描かれている人間は、その姿勢とは無関係に「言行為」を遂行することが出来るのである。

さらに、「コトバの網」の図に描かれている人間は、**《指導事例3》**の学生のように「言行為」を「面倒臭い」と嫌がりはしない。**《指導事例2》**の学生のように、出来るだろうかと心配し半泣きにもならない。そもそも感情を持たない。感情を持たずに淡々と「言行為」を遂行する。「言行為」を遂行するのを感情が妨げることはない。逆に、集中力がついたことを喜び、大車輪で完成を目指して張り切ることもない。つまり、感情や意欲が「言行為」を促進する事態とは無縁である。

「コトバの網」の図に描かれている人間は、**《指導事例2》**の学生のように代謝不全に悩む心配はない。「言行為」は代謝のような生理的機能の働きいかんによらず成立、遂行されるのだろう。

《指導事例2》の学生は、代謝を整えなければ満足に「言行為」を遂行できなかった。代謝が整うにつれ、「言行為」を円滑に遂行できるようになった。また、「言行為」を継続することによって、代謝が次第に整ってきた。「コトバの網」の図には、この関係を示す回路が無い。

「コトバの網」の図に描かれている人間は、テレビ漬け、ゲーム漬けの生活の影響を受けない。テレビ漬け、ゲーム漬けの生活は「言行為」の意欲を殺ぐ。おそらくは「コトバの網」の組成に影響を及ぼし、その機能を劣化させる。視覚にも影響を及ぼし、注意深く正確に「言作品」を見るのを妨げる。「コトバ」が手を通して表出される回路が細る。「コトバの網」の図に描かれている人間は、それらの問題とは無縁である。いわば、無菌状態の実験室に閉じ込められている。

つまり、「コトバの網」の図にあるのは、〈からだ〉をもつ人間ではない。そこにあるのは、極度に限定され、抽象化された身体部位である。言い換えれば、「言行為」を遂行するだけの目的で作られた人工物、機械の〈パーツ〉の粗雑な組み合わせである。

この「言行為」を遂行する機械は、スイッチが入るとすぐ作動することになっている。しかし、三人の学生は違った。三人の学生は、「言行為」を遂行せよと要求されても（スイッチが入っても）、すぐにそれに反応して作動することは出来なかった。つまり、速やかに「コトバ」を表出することは出来なかった。

三人はそれぞれ、すぐに反応できない問題を抱えていた。字を書く〈からだ〉が出来ていないという問題であった。「コトバの網」の図に描かれた回路は、この〈からだ〉が出来ないと実は正常に機能しないのである。

字を書く〈からだ〉が出来るには、時間が必要であった。〈からだ〉づくりには、時間がかかる。機械のように〈パーツ〉を交換して修理する具合にはいかない。不良品を交換して修理するのとは違う。

〈からだ〉づくりのために、何をさせたか。三人に共通するのは、少しずつゆっくり継続させることであった。毎日机に向かい、筆圧の強い大きな字をマス目の中に一字一字刻み続けるよう努めさせた。併せて、視写以外の、つまり要求する「言行為」以外の行為をさせた。例えば**《指導事例2》**の学生には、早寝早起きと軽い運動を課した。**《指導事例3》**の学生には、自由に話をさせた。視写と併せてそれらの行為を継続して遂行させた。

そして、教師（私）は待った。ゆっくり見守った。学生が失敗を繰り返しても、「先週注意したばかりではないか。」などと責めなかった。三ヵ月も四ヵ月もかかって回路が正常に機能する条件が整っていく。それを待った。

字はどこで書くか。つまり、何を用いて書くか。

大久保氏の「コトバの網」の図では、大脳に存在する「考え」が「コトバの網」を通り、「コトバ」に乗って手まで運ばれて来る。それを大久保氏の言う「現実に存在するもの」にするのが、字を書くという行為である。字を書く（「現実に存在するもの」にする）のは、回路の末端にある手の仕事である。つまり、字は手を用いて書く。それだけである。

しかし、三人の学生の事例はそれ以上の事実を示している。字は〈からだ〉全体で書くという事実である。筋肉も骨も神経組織もすべてが協働して字を書く構えを成す。もちろん、種々の生理的機能、例えば代謝や循環も、字を書く構えを成すように整わねばならない。この字を書く構えを外側から見た現れが、字を書く姿勢である。字を書く構えを成すとは、字を書く意欲が満ちてくる事態である。意識が字を書くことに向かい、その一点に集中する事態でもある。

字は〈からだ〉全体で書くという事実は、大久保氏の「コトバの網」の図からは見えてこない。大久保氏は、この事実を見落としている。だから、「コトバの網」の図では三人の学生が抱える問題を説明するのは不可能である。三人の学生の変化を説明するのも不可能である。三人の学生が抱える問題に対処するのも無理である。

〈からだ〉とは何か。

〈からだ〉とは、不透明なシステムである。

このシステムは、見方を変えるとさまざまな見え方をする。つまり、さまざまな語り方が可能である。さまざまな概念でとらえ得る。

〈からだ〉は例えば、筋肉、骨などの物質としての身体組織から成る。また、代謝や循環などの生理的機能が働いている。さらに〈からだ〉には意識、意欲、感情、認識、思考が生じる。〈からだ〉とは、これらを多元的、多重的に含み込んで成り立っているシステムである。

別の言い方をする。

「身体組織」「生理的機能」「意識」「意欲」「感情」「認識」「思考」——これらは〈からだ〉というシステムをとらえるための相異なる概念である。つまり、このシステムについての相異なる見方であり、語り方である。「〈からだ〉」という概念は、これらの概念を生み出す母胎である。

このシステムの内部構造は、ある程度分かる。つまり、ある程度説明することが出来る。しかし、それは、ある程度である。全てではない。「神のみぞ知る」、「端倪（たんげい）すべからざる」と表現するしかない部分を含んでいる。

例えば、**《指導事例3》**の学生は、本人でさえ自分がなぜ過剰な反応をしたのかがよく分からなかったようである。こちらもいろいろ想像はする。例えば、小学生に対するような字形についての注意が学生の誇りを傷つけたからかなあと想像する。あるいは自閉的傾向があるのかなあとも想像する。しかし、本当のところはよく分からない。

その意味で、このシステムは不透明なのである。そして、学生はこの不透明なシステムを抱えて生きているのである。

このシステムは、外界の刺激を取り込み、変化する。しかし、どう変化するか、いつ変化するかを全て見通すことは出来ない。つまり、不透明なのである。いつまで待っても変化の兆しがなかなか見えない場合もある。逆に、想定外の劇的な変化に驚かされる場合もある。だから、教師には、刺激を与えてもその後の変化はシステムに委ねて待つ覚悟が要る。

例えば、**《指導事例1》**の学生は、「ペースを上げてみようか。」と勧めても（つまり、刺激を与え、制御しようとしても）応じなかった。「今のペースを変えずにやる。」と主張した。七月に視写を完成させるのが望ましいということは知っている。しかし、学生の〈からだ〉が変化を拒んだ。今のシステムのあり方を保ちたかった。多分、まだ変化の時ではなかったのだろう。

システムは自律的に変化する。外側から制御しようとしても、一筋縄ではいかない。だからこそ、このシステムは主体なのである。〈からだ〉は、字を書く主体である。

つまり学生は大久保氏が描いたような「言行為」する機械ではない。機械は他人（ひと）の制御の下で一律に動く。学生は違う。学生は、不透明なシステムとしての〈からだ〉をもつ。だから他人（ひと）の制御を越えて、いろいろな動き方をする。いつ「言行為」するか、どう「言行為」するかは、システムのあり方によって違うのである。学生は不透明なシステムとして〈からだ〉全体で学習するのである。

この〈からだ〉を育てるためには、継続する、繰り返す、溜める、迂回するなどという学習法が必要である。教師は、待つ、委ねる、後日を期す、などという方法で教えなければならない場合がある。これらの方法は非能率的ではある。しかし、〈からだ〉を育てるためには役に立つ。不可欠である。

視写は、まさにこの非能率的な学習法の典型である。コピーすれば数分で済む文章を、何時間もかけて書き写す。

目で追って読む方法なら、慣れれば一日で数冊の本が読める。三ヵ月もあれば、百冊読める。しかし、書き写すとなると、そうはいかない。一冊書き写すのにどれだけの時間と労力がかかるだろうか。しかし、視写は、コピーや目で追って読むのとは違う〈からだ〉を育てる。そうでなければ視写はさせない。

視写は、読み書きする〈からだ〉を育てる。それは、読み書き教育の方法の一つである。読み書き教育は、システムとしての〈からだ〉を育てることなしにはあり得ない。それは、その意味で、体育なのである。

第二章 〈筆触〉とマス目

第一節 字に注意させる

三回目の個人指導の時である。学生が口ごもりながら質問した。

「先生、あのう、先生は、その、なぜこんなに字のことをうるさく言うんですか。」

少し恨めしそうな顔である。何を言いたいかは想像がつく。次のような気持ちなのだろう。

> 小学生ではあるまいし、字など大体判るように書けていればそれでいいではないか。二十歳（はたち）も近くなれば、字の癖だってそう簡単にとれやしない。それに、字の癖はその人の個性だし。

「要するに、そう言いたいんでしょ。」と訊くと、学生は「はい。」と頷く。少しほっとしたような素振りである。

学生に言う。

「今、苦労していますね。いい質問です。それを説明しておくべきでした。きょうはそのわけをお話ししましょう。なぜ私は字についてうるさく言うのか。」

その前に、読者には「こんなに字のことをうるさく言う」事態をお見せしなければならない。「こんなに」とは、どのようになのか。

個人指導は最初、字に対する注文が多い。字に対する注文はいろいろある。字は濃く書け。一定の濃さで書け（濃く書いたり薄く書いたりして濃さの程度を変えるな）。マス目いっぱいに大きく書け。マス目からはみ出さずに書け（マス目を無視するな）。真直ぐに書け（右に寄ったり左に寄ったり蛇行させず、一行の軸を真直ぐ貫け）。楷書で書け（字を崩すな）。片仮名の「リ」と「ソ」とを書き分けよ。「シ」と「ツ」を混同するな（「ッ」「ソ」と書くな）。「見」を「貝」と書くな。漢字の「口」（くち）を「〇」（記号のマル）と書くな（「古」「言」はすべて書き改めよ）。……きりがない。

いっぺんにたくさん注文を出しても、学生は応じきれない。だから、注文は一つか二つずつ出す。それを「今週の課題」にする。学生は一週間、それを意識して視写を進める。次の個人指導の時、注文に応じて書けていたら、丸をつけて新たな注文を出す。書けていなければ、次の一週間も同じ注文を出す。

学生ははじめ、見るだけでこちらが意気阻喪するような字を書く。つまり、読む気が失せるような字を書く。中でも一番困るのは、点画のはっきりしない、薄くて消え入りそうで、米粒のような字である。みるからに自信がなさそうで、おどおどしている。しかも、せせこましく小手先で書くので、そのどさくさに紛れる。よく見ると画数が一つ足りなかったりする。明らかに誤字である。

次のように激励する。

「この幽霊のような、しかも偽りのある字を何とかせよ。気合で書け。腹を据えよ。」

「こんな姑息な字を書くと、相手に侮られる。馬鹿にされる。それでいいのか。」

「字は下手でよい。達筆でなくても構わない。ただ、誠実な字を書け。つまり、字の基本に忠実な字を書け。一人よがりな字を書くな。」

要するに、「字のことをうるさく言う」のは事実である。学生の気のせいではない。確かにうるさい。

それでは、なぜそうするのか。その時、学生にそれをどう説明したか。かつての拙論には、次のように当時の説明の趣旨を記した7。

字が崩れて読みにくければ、判読する苦労を相手に強いる。消え入りそうな薄い字では、相手は読む気がしなくなる。読めるものなら読んでみろ。読みにくい字は、まさにそういうメッセージを相手に送っていることになるのだ。基本を守らない一人よがりな字、相手がげっそりするような見にくい字を書くというのは、コミュニケーションを拒絶することにほかならない。

コミュニケーションを成立させるために、字の基本があるのだ。出来るだけ相手にとって見やすい字を書く。

誤読を防ぐためにも、出来るかぎり字の基本に忠実に書く。こうして、コミュニケーションを成立させたいという自らの意思を示すのだ。

学生には右の趣旨の説明をした。この後、授業の中でも（本来の「日本語表現」の授業時間においても）、学生全員に同趣旨の説明をした。質問した学生だけではなく、学生全員に説明しておくべきだと思ったからである。なぜ見やすく字の基本に忠実な字を書かねばならないかを理解しないと、学生は自ら字を正そうと努力する気にはならない。自ら努力するには、なぜ、何のために、という理由と目的を意識する必要がある。

しかし、右の拙論の説明部分を今読み返すと、問題があったと分かる。問題は三つあった。次の通りである、

(1)　学生の書く字がどのように「判読する苦労を相手に強いる」のか。これを学生に理解させるには、具体例を用いて描写するべきであった。それが無いと学生には理解できない。

(2)　「出来るだけ」「出来るかぎり」と最後の段落で書いてある。しかし、これでは、どこまで努力すればいいのかが学生には分からない。その基準、方法を示さずに、ただ心構えを説いているだけであった。

(3)　「誤読を防ぐために」と、やはり最後の段落で書いてある。「誤読」とは何か。書く側は正しく書いたのに読む側が読み誤っているのか。それとも、書く側が書き誤ったがゆえに、読む側を困らせているのか。それを区別していない。

再度、説明を試みる。私は、「なぜこんなに字のことをうるさく言う」のか。

例えば、学生の中に、「見」を「貝」と書く者が時々いる。書くのは決まって女子である。この類の女子は、可愛らしくチョコチョコと字を書く。「見」もその調子で「貝」と書く。寸足らずを可愛いと感じるのだろう。寸足らずの字を書いて可愛らしさを演出する。これは媚びである。

「見」の最後の二画は「儿」である。この「儿」の二画目は、垂直に下ろし、曲げ、垂平に引き、そしてはねる。四工程の仕事を要する。これに対して、「貝」の最後はただ止めればよい。一工程で済む。つまり、「儿」は「ハ」よりも力が要る。あるいは、我慢、溜めが要る。「ハ」の方が楽である。「見」を「貝」と書くのは、手抜きして楽をしているのである。つまり、なまくらをしているのである。

媚び、なまくらが「その人の個性」だとして尊重されるべきなのか。違う。恥ずかしく思うべきである。この媚び、なまくらは、「判読する苦労を相手に強いる」。どのようにか。学生に、その事態を具体的に描写してみせねばならない。それは次のような事態である。

読む側は、「**貝**る」と書いてある所で「おや」と思う。「**貝**る」＝「かいる」とは何だ。そんな日本語があったか。読む側は前後を読み直す。そして、「そうか、文脈から推測すると、これは『見る』なのだな。」と思い到る。

読む側は「失」「兴」にも目を止める。「先」を「失」と書き、「光」を「兴」と書いているのだと理解する。「この書き癖は何だ。」と読む側は腹を立てる。当然である。「失」「兴」などという字がどこにあるか。

読む側ははたと気が付く。書く側は読む側に「貝」を「見」に置き換えて読めと要求しているのだ。その上、「貝」が本来の「貝」であり、「見」に置き換えてはいけない場合も、読む側が判別する苦労を強いられるのだ。

読む側はますます腹を立てて思う。
「貝」は「貝」である。「見」とは違う。これが字の基本だ。「見」と「貝」の違いは最後の二画の形による。書く側の方がこの基本を逸脱している。それなのに、置き換えて読めだの自分で判別しろだのと読む側に要求する。負担をかける。これは勝手だ。

可愛らしい字を書きたいというのも、手抜きして楽をしたいというのも、書く側の都合である。読む側がその都合に合わせてくれるだろうと相手の好意を当てにするのは、甘えである。また、字の基本よりも自分の都合を優先させてくれと求めるのは、自分中心、わがままである。

五体満足なら「見」くらい書ける。「見」を「貝」としか書けないよんどころない事情など、学生にはありはしない。甘え、わがままを許すと学生は学習できない。世の中にこんな字が通ると誤解する。だから、私は「字のことをうるさく言う」のである。

先に引用した拙論で、私は書いていた。「出来るだけ相手にとって見やすい字を書く。」「出来るかぎり字の基本に忠実に書く。」しかし、どこまで「見やすく」「字の基本に忠実」でなければならないのか。字の癖は人につきものである。どこまでそれを排除すべきなのか。その基準がないと、手書きなど出来なくなるではないか。

その基準は、コミュニケーションに支障をきたすか否かである。「見」を「貝」と書く癖は支障をきたす。「見」と「貝」とを区別するのは、最後の二画である。その肝心の最後の二画を区別し得ない癖は、許容範囲を越えている。

読む側は文脈に頼るしかない。

「見」を「貝」と書く癖がコミュニケーションに支障をきたさないのは、友達だけである。「見」を「貝」と書く私的な規則を共有し、そこに仲間意識をもつのが、友達である。友達でもない相手にそのような私的な規則の共有を強いると、相手は思う。「友達扱いされるのは迷惑だ。」相手のコミュニケーションの意欲を殺ぐ。「見」との区別が出来ないのに加えて、意欲まで殺ぐ。この意味で、二重にコミュニケーションに支障をきたす。

どのような相手に、どのような目的でその字を読ませるのか。つまり、どのようなコミュニケーション状況においてて自分は字を書くのか。そのコミュニケーション状況に照らして、字をどう正すかを具体的に判断するべきである。字の癖をどこまで排除するべきかは、相手と目的によって判断するべきなのである。

個人指導では、学生に、小学生に字を教える場合を想定して字を書けと指示する。自己流に崩した、友達以外には通用しないような字を正すには、この指示が役に立つ。字の癖をどこまで排除すべきかの具体的なコミュニケーション状況が出来るからである。

小学生に字を教えようとすると、字の基本を改めて確認したくなる。まさか小学生に「見」を「貝」と書けと教えるわけにはいかない。また、片仮名の「リ」を「ソ」と書く癖をもつ学生も、さすがにこれではまずいと思う。小学生が「こおろぎがソソソソとないています。」と書くようになるだろうと言ってやると、学生には効果がある。

小学生、就職活動で出会う会社の人事担当者、教師、卒業記念パーティーに招きたい来賓……学生は自分の字を誰に読ませるかを意識するべきである。字はコミュニケーションの道具である。コミュニケーションの相手を意識し、コミュニケーションの目的を果たそうとすると、書字が担う役割が分かる。媚び、なまくらを許してはいけないと分かる。

「誤読を防ぐために〔略〕字の基本に忠実に書く。」と私は書いた。「誤読」とは何か。例えば学生が履歴書を書く。そこに、数字の「0」を「0」と書きなぐる。これは読む側の「誤読」を引き起こすからいけないのか。

そうではない。読む側が学生が書いた「0」をそのまま「6」と読むのは、「誤読」ではない。字の基本に照らして正しく読んだのである。この事態に対して、「誤読を防ぐために」と言うのは誤りである。

読む側の「誤読」とは、例えば次の場合をいう。

地名に「犬室」という所がある。正しく「犬」と書いても、人はよく「大」と見誤る。「大室」と読む。「大室」はよくある地名である。しかし「犬室」は珍しい。あまり（ほとんど）聞いたことがない。それゆえ「犬」の最後の「、」を見落とすのである。

それを防ぐために、最後の「、」はなるべく目立たせなければならない。濃く、大き目に「、」を打つ。しかも、あまり隅に打つと目立たないから、少し「大」を左に寄せて書き、「、」を打つ場所を広目に空ける。この「、」をくれぐれも見落とさないで欲しいと念じつつ打つ。それでも心配なら、正確を期して「いぬ」とルビを付したりする。

字はまさに、相手の弱点を意識し、「誤読を防ぐため」に配慮して書くのである。行き届いた配慮で相手を感服させる気概をもって書くのである。学生にはそう教えた。学生には、読む相手を意識して欲しい。自分しか見えない字では、書く文章も自分中心になる。読む相手を明瞭に意識しているか否かは、まず字に表れる。だから私は「字のことをうるさく言う」のである。

第二節　〈筆触〉

第一章第二節で、「字は〈からだ〉全体で書く」（三六ページ）と書いた。学生は今までどのような〈からだ〉を作ってきたか。あるいは、どのような〈からだ〉しか作ってこなかったか。

学生の書く字を見れば分かる。字の基本を無視した自己流の字は、読む側が自分に合わせてくれるのを当てにしている。消え入りそうに薄く、米粒のように小さい字は、読む側に、目をこすりながら読んでくれと求めている。そうしてくれないのなら、読んでくれなくていいと心を閉ざしている。学生にその自覚はないかもしれない。しかし、字はそう語っている。

つまり、字は読む側＝他人（ひと）に依存し甘えている。その甘えが学生の〈からだ〉を弛緩させ、ひ弱にしている。正確で濃く大きい字をもって他人（ひと）と渡り合う覇気は無い。それは、他人（ひと）を意識できず、自分しか見えない〈からだ〉である。他人（ひと）とのコミュニケーションの回路をろくに持たない、閉じた〈からだ〉である。

先に、字に対する注文を列記した（四一ページ）。「字は濃く書け。」「一定の濃さで書け。」「マス目いっぱいに大きく書け。」……これらの注文は、字を書く〈からだ〉を鍛え育てるための具体的な方法である。学生は注文を受け、一週間それを意識して字を書く。つまり、〈からだ〉を鍛え育てるための具体的な方法を実践する。その努力が、字を書く〈からだ〉を少しずつ鍛え育てていく。

字に対する注文は、先に列記したようにいろいろある。その中で一番先に出す注文は、「字は濃く書け。」と

「マス目いっぱいに大きく書け。」の二つである。怪しくても間違っても、字はまず濃く大きく書かねばならない。これが、字を書く〈からだ〉を鍛え育てる出発点である。字が濃く大きく書けるようになったら、字の基本を〈からだ〉に叩き込む段階に進む。なぜこの順なのか。

消え入りそうに薄く、米粒のように小さい字を書いているうちは、字の基本を逸脱していてもよく見えない。しかも、一点一画を自覚することも出来ない。どんな字であったかを忘れ、記憶が不確かな時でもごまかせる。画数が一つ足りなくても、書いた本人がそれに気付かなかったり、気にならなかったりする。読む側も、天眼鏡でも使わない限り、それを発見できずにごまかされてしまう。

字を濃く書くには筆圧が強くなければならない。弛緩したひ弱な〈からだ〉には負担がかかる。しかも、強い筆圧の上に大きい字を書くのだから、一層負担がかかる。

しかし、筆圧の強い濃く大きい字を書くと、どさくさに紛れていい加減には書けなくなる。一点一画の筆の運びを意識できるようになる。自分の目をごまかせなくなる。画数が一つ足りないのも、「見」が「貝」になっているのも、動かぬ証拠である。一目瞭然である。学生はその証拠を直視せざるを得なくなる。

この時である。この時、字の基本を逸脱している事実を学生に指摘する。この時、改めて字の基本を学び直すよう、具体的に指示する。

よく見えず、ごまかしがきく時に指摘しても、言い訳を許す。例えば、画数が多くて字が潰れてしまいよく分からなかった、急いで書いたのでうっかりしたなどと言う。つまり、〈からだ〉が字の基本を正確に学習できていないのに、それ以外の事情のせいにする。自分の〈からだ〉に甘くなる。

だから、字の基本を〈からだ〉に叩き込むのは、〈からだ〉が濃く大きい字を書くのを学習してからである。〈からだ〉が一点一画の筆の運びを意識できる状態が必要である。つまり、〈からだ〉が正直になる必要がある。

筆記用具を用いて紙に字を書く。この時、筆記用具と紙との間に摩擦が生じる。〈からだ〉がこの摩擦による抵抗を感じとる。この抵抗感が、一点一画の筆の運びの意識をもたらす。〈からだ〉は点画を意識する。この摩擦による抵抗感を、〈筆触〉という。

筆圧の弱い薄い字を書く時には、筆記用具は紙の表面に軽く触れ、紙の表面を淀みなく動く。頼りなく紙の表面を撫でる。だから、摩擦による抵抗は弱い。抵抗が弱いと、〈筆触〉は〈からだ〉に一点一画の筆の運びを明瞭に意識させることが出来ない。点画の意識は弱い。稀薄である。

これに対して、筆圧の強い濃い字を書く時には、筆記用具は紙に食い込み、引っかかる。勢いと力を紙に刻む。その時、摩擦による強い抵抗を〈からだ〉は受ける。〈からだ〉は一点一画の手応えを感じる。〈筆触〉が〈からだ〉に一点一画の筆の運びを明瞭に意識させる。この時の点画の意識は強く確かである。

高橋一清氏（『別冊文藝春秋』『文藝春秋臨時増刊』元編集長）はいう[8]。

書き始めたら迷わず、とにかく終わりまで書く。〔略〕そうして最後まで書いてから、縦書きで清書するんです。「筆触《ひっしょく》」と言いましてね、下ろしたり撥《は》ねたりするときに筆記具と紙の間に生まれる抵抗感が、縦書きの方が強いんです。それが自然と文章を確かめながら書くことにつながって、締まった文章になる。

「抵抗感」=〈筆触〉が強いと、「文章を確かめながら書くことにつなが」る。その通りである。〈筆触〉とは皮膚感覚である。触覚、特に圧覚で文章をとらえることである。人は、文字通り手応えを感じ確かめつつ字を書く。この「手応え」とは、比喩ではない。

触覚は、書く意識だけではなく、読む意識も変える。右の高橋氏の言い方を借りれば、「自然と文章を確かめながら」読むことになる。序論第一節で、私は、「手を使って読めばいいのだ。」(六ページ)と書いた。「手を使って読」むとは、〈筆触〉によって読むことである。つまり、触覚を用いて読むことである。触覚を用いて読む読み方は、ただ視覚だけを用いて読む読み方とは違う意識・思考を可能にする。

石川九楊氏(書家)は、「『書く』ということは『筆触する』と言い換えることもできます。」と書いた[9]。この言い方にならえば、視写とは、〈筆触〉して読むことである。〈筆触〉して読むと、学生はどのように文章を読むか。文章をどう意識し、どう思考を刺激されるか。この〈筆触〉して読む読み方の実例を、後に続く第三章、第四章で紹介する。視写読み=〈筆触〉読み、あるいは触覚読みの特徴をその実例において描写するつもりである。

第三節 マス目が〈筆触〉を助ける

強い筆圧で濃く大きい字を書く。この時、〈筆触〉は〈からだ〉に一点一画の筆の運びを強く意識させる。強い点画の意識をもたらす。この〈筆触〉の働きを助けるのが、原稿用紙のマス目である。

マス目は一字一字を意識するのにまことによく出来ている。それは、〈からだ〉に一字一字を意識させるための仕掛けである。〈筆触〉はこの仕掛けに助けられて〈からだ〉に一字一字を意識させる。

視写は、日本語の文章の場合は原稿用紙を用いるべきである。学生はよく、罫線だけが引かれたレポート用紙ではいけないかと質問する。しかし、それではだめなのである。マス目と罫線とでは、一字一字に対する意識は全く異なる。罫線は〈からだ〉が一字一字を意識する仕掛けにはならない。

日本語の表記は、漢字、平仮名、片仮名を併用する。漢字は一字一字が固有の意味をもち完結している。一字一字がそれぞれ独立したまとまりを成す単位である。平仮名と片仮名は、一字で一音節を成す。読みにおいて、一字が一つの単位を成す。つまり、漢字も平仮名も片仮名も、読みにおいて、あるいは読みと意味の両方において、一字が一つの単位なのである。この日本語の表記の特性をマス目がとらえている。罫線ではこの特性をとらえることは出来ない。

学生が視写した石坂氏の文章には、英語の表記が三箇所出てくる。

⑴　Ｊ・Ｒ・マラック著の本の書名

「The Chemistry of Antigens and Antibodies」

（「私の履歴書」⑤、日本経済新聞社二〇〇五年三月五日）

⑵　石坂氏の妻「照子」が書いたカードの文言の一部

「研究者としての仕事の credit は如何なるトリックによっても動かせないものと信じています。」

(3)　研究者仲間の交流の場に掲げられた看板

(同右⑱、三月一九日)

「Bar Tada」

(同右⑳、三月二一日)

これらの箇所に来ると、学生は一様に、マス目にどう入れればよいのか戸惑う。これまでの原則に従ってアルファベットを一マスに一字ずつ入れる者もいる。マス目を全く無視する者もいる。中には、縦書きだからと思って、字の向きを全部縦に変えて一マスに一字ずつ入れる者もいる。

そこで、木下是雄氏の著書『理科系の作文技術』(中公新書、一九八三年)の一六八ページを開いて見せてやる。「大文字には1角をあて，小文字は1角に2字いれて書くのが標準とされる．」(元は横書き)と書いてある。

ところがこれに従ってマス目に入れてみると不都合が生じる。スペースにも1／2角分を当てるのだろう。すると、行の最後の一マスにちょうどスペースが来れば、その一マスは半分余る。ところが次の単語が大文字で始まっている。「大文字には一角をあて」るのなら、マス目半分しか残っていないのにどうするのだ。大文字の右半分を次の行の冒頭のマス目に書けと言うのか。学生は戸惑う。

学生の戸惑いはまだ続く。一つの単語の途中で改行しなければならなくなったらどうするのか。また木下氏の前掲書を見せる。

「切ることが許されている場所(どこで切っていいかわからなければ辞書を見よ)でハイフンを入れて切る．」(一六八ページ)

学生は首をかしげる。「切ることが許されている場所」でちょうどその行のマス目が尽きれば問題は解決する。

しかし、そんなことは保証の限りではない。「切ることが許されている場所」でしか改行してはいけないのなら、マス目が無駄に空いてしまうかもしれない。

「そこはもう空けておけばいいのです。」と私は言う。すると学生は、追及してくる。

「でも先生は段落の途中でマス目を空けるなと言ったでしょう。」

学生もしつこい。改めて教えねばならない。

日本語の場合は、段落を変える時や文末に「?」「!」が来る時など、少数の例外を除いてマス目は空けない。ましてや一文の途中や一語の途中でマス目を空けたりはしない。しかし、英語の場合はそうはいかないことがいくらでも起こりうるのだ。

しつこい学生はこの時、マス目が日本語表記の特性をよくとらえ、まさに日本語表記のためにあるのだと実感する。逆に、英語をマス目に入れようとするのが無理なのだとも感じる。マス目は英語表記の特性には合わないのだと思う。

英語表記をマス目に入れると、語が不自然に分断されてしまう。credit をマス目に二字ずつ cr/ed/it と分けたところで、何の意味もない。マス目は、音節でも接辞でもない所で語を分断し、英語を壊す。英語には罫線がよい。

マス目を無視して書く学生がいる。例えば、下手な草書のように字を続け、適当に、マス目に関係なく書く。一字が二マスにまたがってひどく間延びしている場合もあれば、急に字が小さくなって二マスに三字入っている場合もある。あるいは、字が乱雑で大き過ぎるためにマス目からひどくはみ出し、他の字を本来書くべきマス目から追い出してしまう場合もある。蛇行がだんだんひどくなり、字がすっかりマス目の片側に寄ってしまい、ついには行間にはみ出してしまう場合もある。

この時の学生の一字一字に対する意識は弱い。稀薄である。視写し損ねて写し間違えても、意に介さない。一字くらい間違えたところで、それが含まれる語句や文に大差はないと思うらしい。例えば、「間違いではない」を「間違いない」と書いてしまっても大体同じだと涼しい顔をしている。「理化学研究所」が「理科学研究者」になっても、「受章」が「受賞」になっても、まあいいではないか。そう思ってたかをくくっている。

このような学生には、確実に一マスに一字ずつ入れよと注文を出す。それより多くても少なくてもだめだと言う。それに併せて、マス目から一ミリといえどもはみ出してはならないと言い渡す。一つのマス目を一つの世界だと思え、その一つの世界を一つの文字で満たせ、とも言う。小さすぎる字、片側に寄った字ではその世界を満たすことが出来ない。そう言って、毎週目を光らせて調べる。一ミリでもはみ出していたら、印をつける。目立つ色を使う。

注文を受けた学生は、努力せざるを得ない。出した注文は「カルテ」に記録してあるから、こちらも忘れはしない。「先生、そのくらい見逃してくれたっていいじゃないか！」と学生は喜んで叫ぶ。

それからである。学生は次第に一字一字を意識するようになる．「受章」は「受賞」ではないらしい。「章」は「しょう」と読む。同じく「しょう」と読むからうっかり「受賞」と書いた。今までの生活でも、「受賞」は時々使ってきた。しかし、「受章」は馴染みがない。それで「受賞」と書いて安心していた。しかしどうやらそれらは区別して書き分けなければいけないらしい。学生はそう意識し始める。

「章」と「賞」とでは〈筆触〉が違う。〈筆触〉が(からだ)にもたらす点画の意識が違う。「章」は十一画だが、「賞」は十五画である。かなり複雑な点画を意識して「賞」と書く。「賞」よりも「章」は単純である．すっきりしていて書きやすいと感じるのは、画数が少ないだけではなく、最後の縦画の伸びやかな〈筆触〉にもよる。

この点画の意識の違いに支えられて、「章」と「賞」との字の違いが意識される。人は、この「章」と「賞」とを単なる字の違いとしてのみ意識するのではない。この時人は、「受章」と「受賞」という、それぞれの字を含んで成り立つ語の違いを意識する。これらの語の意味の違いを意識する。そして、それぞれの語がどんな文に使われているか、なぜ使い分けられているのかを意識する。つまり、文の違いを意識する。それぞれの文がどんな文脈で出てくるかを意識する。つまり、その語が登場する文脈の違いを意識する。

石坂氏の「私の履歴書」には、「章」と「賞」とが入れ替り立ち替り出てくる箇所がある。「恩賜賞と文化勲章」と題する㉒回(三月二一日)の文章である。そこには石坂氏が「受賞」したいろいろな賞の名称が並んでいる。「パサノ賞」「ポール・エーリッヒ賞」「武田医学賞」「学士院恩賜賞」などである。それらに混じって、「文化勲章」が出てくる。「文化勲章」についてのみ石坂氏は「受章」と書く。つまり、「受賞」と「受章」とは、明瞭に使い分けられている。

なぜか。「賞」はほうびである。これに対して「章」はしるしである。「恩賜賞」はほうびだが、「文化勲章」はほうびではない。「文化勲章」は、文化に対する貢献をたたえてそれを表すしるしである。ほうびは「受賞」するものであるが、しるしは「受章」するのである。勲章をもらうことを「受賞」と言ったのでは、この区別が成り立たない。

「章」と「賞」という一字の違いは、語の違いを表す。そしてそれぞれの語を含む文の違いを表す。「文化勲章」

と「恩賜賞」とについて語る文脈の違いを表す。それを意識するのが、一字の違いを意識するという事態である。〈筆触〉は、マス目に助けられて〈からだ〉に一字一字を意識させる。その、一字一字を意識させるというのは、右のような事態をいう。マス目に濃く大きい字を一字一字刻むと、学生はこのような意識をもつに到る。「受章」を「受賞」と書いても大体同じだとたかをくくらなくなる。具体的な一字の違いにおいて、語、文、文脈の違いを見分けようとするようになる。

第四節　〈筆触〉の効果

図2-1、**図2-2**は、同じ学生が書いた視写原稿である。書いたのは、「なぜこんなに字のことをうるさく言うんですか。」と質問した学生である。**図2-1**は四月十八日に、**図2-2**は七月二十一日に書いた。三ヵ月の努力の跡が分かる。**図2-1**と**図2-2**の差は顕著

自分が歩んできた道を語る時、私はよく「我々は」と言う。我々というのは私と照子のことである。彼女も免疫学の研究者であり、同時に妻であり息子の母親でもある。文字通り一人三役をこなしていた。私の仕事のほとんどは彼女との共同作業によるものだから「我々は」を使うのである。その意味でこれから書く「私の履歴書」も「我々の履歴書」と言ってよいかもしれない。

図2-1　四月の視写原稿

石坂公成「私の履歴書」①の第5段落である。

米国の学会の会長の重要な仕事は、政府や議会に働きかけて科学研究に対する国家予算を増額させる運動をすることである。私は米国の市民権をもっていないから、どんなことは私には向かないと思ったのだが、照子は「どうせ選ばれないでしょうから、候補を断ることもないでしょう」と言う。ところが、何と選挙の結果私が選ばれてしまった。おかげで八四年から八五年にかけて学会長をやらされる羽目になった。

図 2-2　七月の視写原稿

石坂公成「私の履歴書」㉖の第 5 段落である。

である。何より字の大きさが全く違う。**図2-2**は字が大きくなった。マス目いっぱいに書いている。マス目を充分に使い切っている。

図2-2の字が大きくなったのは、横画が長くなったからである。縦画も長くなったが、特に横画が変わった。**図2-1**と比較すると分かる。**図2-1**の字は細い。つまり、縦長で幅が狭い。**図2-2**は字の幅が広い。マス目と同じ正方形である。

図2-1の字は急いでいる。例えば、一三である。横画だけで成る字であるが、いずれもその横画が短い。横画が短いのは、送筆に十分時間をかけていないからである。縦書きの場合に横画の送筆に時間をかけると、筆の運びを遅らせる。横画は進行方向に対して直角である。早く次の画に進むためには、横画の送筆を早く終わらせる必要がある。横画は短くなる。

しかも、**図2-1**の字の終筆はどれも力が抜けている。止めの力が働いていない。止める時間を惜しんでいる。

また、自向母である。転折部分がいずれも転折になっていない。筆の向きを変えて角をつけずに、丸くしている。丸くする方が早く書ける。筆の向きを変えるのに時間をとられることがない。書く距離も短い。図2-2の字は急ぐのをやめた。はやる気持ちを抑え、送筆にしっかり時間をかけてもちこたえている。また、終筆の止めまで力を抜かず、意識が次の画に飛ぶのを抑えようと努めている。転折部分も律儀に筆の向きを変え、角を意識している。

字だけではなく、句読点も変わった。図2-1、図2-2にはその違いは際立って見える例はないが、四月の段階では句読点の打ち方が粗雑であった。打つ位置が定まらず、句点が潰れ、読点の大きさが不揃いであった。七月になると、それがなくなった。句読点に対する意識が強く明瞭になった。打つのを急がなくなった。

図2-1では急ぎ、図2-2では急ぐのをやめた。それは学生の意思である。急ぐのをやめるという意思が働いている。その意思が、送筆、終筆、転折に表れている。

図2-1ではその意思が無い。なぜ急ぐのか。早く片付けたいからである。労力の要る仕事を早くおしまいにしたいからである。この視写はいわゆる「やっつけ仕事」である。他人（ひと）からやれと言われてやらされる、楽しくない仕事である。それだけである。

何のために視写をするのか。この視写で自分をどうしたいのか。自分についてのどんな問題意識をもってこの視写を行うのか。そして、どんな相手にこの視写した字を見せるのか。相手に、この視写した字で自分をどう主張したいのか。図2-1ではこの意識が稀薄である。自分が無い。この頼りない急いだ字には、学生の自分が見えない。

図2-2は違う。腹の括り方が違う。この視写は「やっつけ仕事」ではない。早く片付けて楽をしたいという意思

は無い。他人（ひと）から言われていやいやする視写では、この筆致は得られない。何のためにこの視写をするのか。自分とは何か。その自分をどうしたいのか。それが見えたから、急ぐのをやめた。**図2－2**の視写には、自分がある。言い換えれば、**図2－1**の視写では、学生の〈からだ〉は虚しいのである。短く丸く、力の抜けた書字から得られる〈筆触〉は、学生の〈からだ〉を鍛えることはない。この視写からは、〈からだ〉は得るものが無い。

図2－2の視写は違う。大きく長く、崩れない律儀な書字から得られる〈筆触〉は、学生の〈からだ〉を鍛える。学ぶ姿勢を変え、自分を作る。これは、ただ単に字がきれいになったというだけの変化ではない。姿勢、意識の変化である。つまりは、〈からだ〉の変化なのである。

学生は「視写を終えて」と題する文章を書いた。少し長くなるがお目にかける（原文のまま）。

正直いって最初は苦痛に感じた。私は一つのことを続ける作業が苦手で、いつも三日坊主になってしまうからだ。部活などで帰りが遅くなってしまう日もあり、一日になす量も減っていった。しかし、それでもなんとか約4ヵ月継続できた。

視写をやっていて一番苦労したことは、くせ字を直すことである。私は文字を急いで書いてしまうらしく、後になって読み返してみると、走り書きになっていることに気づく。急がなければと思ってしまい、あわててしまったのだ。そこで私は一文字一文字に気をつかって、文字の基本に戻ってみた。やはり最初はなかなか慣れなかった。なぜペースもかなり遅かったが、落ちついて書いていくうちにようやく文字も気持も落ちついて定着してきた。なぜこんなにも文字を丁寧に書かなければならないのだろうと思った。そして、授業の中で、「文章の文字がきたないと、相手とのコミュニケーションを拒絶することになる」という話を聞いた。確かにそうだと、その時思った。私は文字を丁寧に書くというそんな基本的なこと、当たり前のことを分かっていなかったのかとがっかりした。後になって、最初の方と最後の方を比べてみるとずいぶん違う。文字を丁寧に書くということは、読みやすいだけではなく、相手とのコミュニケーションに対して、積極的であることを示し、好印象を与えるのだ。

特に気付いたことがある。それは続点（読点）が少ないことだ。自分だったらここの箇所に入れるだろうという所があった。しかし、読みにくくないのだ。逆にすらっと読めてしまう。著者は、余計な続点（読点）を省き、少くすることで読者に、ここは一気に読んでもらおうとしたのだろうか。私は文章を書く時はいつも読点に苦しめられる。だいたい多めにつけてしまって文が不自然にとぎれてしまうのだ。何度文章を書いても読点は難しい。視写を通して、一つの読点のうち方のスタイルを学べたが、まだまだ他の文章に触れて、うち方のスタイルを学ぶ必要がある。

以上のように視写を通して、文字を丁寧に書くことの大切さ、読点の難しさを学んだ。また、これからの自分の課題も発見した。

一、一文字一文字心をこめる。

二、読点のスタイルを見つけるためにさまざまな文章を読む。

三、毎日、少しずつでいいので継続する。

最初の所で、私は三日坊主だと述べた。「継続は力なり」という言葉を信じて三つの課題を毎日少しずつこなしていきたい。

学生は、視写が終わり今までとは違う文章を書いても、字は七月の視写の字を維持していた。大振りの律儀な字であった。右の文章にある「自分の課題」の「一、一文字一文字心をこめる。」を実践していた。

学生が書いた三つの「自分の課題」は、〈筆触〉することによって見出したものである。それらは、ゆっくり時間をかけ、字の基本を意識して〈筆触〉したからこそ見出すことが出来たのである。時間を惜しみ、急いで先に進めることばかり意識したいい加減な〈筆触〉では、見出せなかったはずである。

学生は、学習する〈からだ〉を作った。それは、他人（ひと）から言われて学習する受け身の〈からだ〉ではない。自分とは何かを知り、その自分にとっての課題を見出し学習する〈からだ〉である。〈筆触〉がその〈からだ〉を作った。

第三章　写し間違いは思考を刺激する

学生は、間違えることは悪であると信じ込んでいる。だから、写し間違えたら叱られるのではないかと恐れている。そのために、写し間違いの痕跡を教師の目から隠そうとする。教師は、写し間違いの無い、きれいな原稿を要求しているはずだ。学生はそう思い込んでいるのである。

だから、何人もの学生が視写を始めるに当たって恐る恐る質問する。

「間違ったらきれいに消して直すんですよね。でもボールペンだと消えないから、その時は新しい紙に替えてはじめから書き直すんでしょう？」

まさか、と私は答え、次の趣旨の話をする。

間違えた証拠を消してどうするのか。証拠を消し去れば、全く間違ったことがないように見える。しかし、間違えなかったというふりをするのはやめよう。間違えた証拠は大切に保存しよう。だから、絶対に消しゴムや修正テープを使ってはならない。新しい紙に取り替えてもならない。

「それじゃあ、間違えたらどうするんですか。そのまま放っておいていいんですか。」と学生は質問する。

次のように答え、説明する。

写し間違いは赤で直すこと。どんなに小さい写し間違いでも、例えば「、」「。」の記号一つであっても、一つ一つ丁寧に赤で直すこと。赤で直せばよく目立つ。後から捜す時も、すぐに写し間違いの箇所が分かる。写し間違いはコソコソと消したり隠したりするものではない。はっきりと目立たせるべきなのである。

それはなぜか。何より大切なのは、その写し間違いがなぜ起きたかを考えることだからである。写し間違いには原因がある。写し間違えたのは自分のせいかもしれないが、もしかしたらそうでないかもしれない。もしかしたら相手（石坂氏）のせいであって、自分は間違うべくして間違えたのかもしれないのだ。

写し間違いは宝である。それは学習の絶好の機会を与えてくれる。いろいろ写し間違えて、そこでしっかり学習するがよい。その写し間違いがなぜ起きたのかを一緒に考えよう。

ここまで説明しても、まだ飲み込めない学生がいる。全く写し間違いの痕跡の無い視写原稿を持って来て、三回も初めから書き直して大変だったなどと言う。

このような学生には、本当はどこで写し間違えたかを白状させる。いい所で写し間違えたのに紙を替えて隠す必要はないではないかと言う。そこがなぜ「いい所」かを説明してやる。こうして、写し間違えても教師が叱らず、その原因を共に考え、いい勉強が出来たではないかと喜んでくれるという経験をさせる。それで学生はようやく納得し、警戒を解く。間違えることは悪であるという道徳が、〈からだ〉に深く刻みつけられているらしい。警戒を解かせるのには苦労する。

学生はどこで、どのように写し間違えるのか。また、その写し間違いはなぜ起きるのか。それぞれの写し間違いは、学生の思考をどう刺激するのか。学生は写し間違いから何を学ぶのか。

二十七名の学生がそれぞれ百十枚ずつ視写すると、写し間違いの夥しい事例が集まる。学生は十人十色の写し間違いを犯す。しかし、その間違い方には共通性もある。多くの学生が同じ箇所で写し間違える場合もある。本章では典型的な写し間違いの例を挙げ、右の問いに答える。それが出来るのは、学生が写し間違いを消してしまわずに赤で直したおかげである。赤で直すことは、写し間違いの分析を可能にする。

第一節 【事例1】年齢表記
――「七〇歳」と「七十歳」

石坂公成氏の「私の履歴書」は次の一文で始まる。

七十九歳になった私はいま、ワイフの照子が生まれた山形市に住んでいる。

この後、二文挟んで次のくだりとなる。

その私が決めていたことがある。それは「七〇歳になったら引退して照子と一緒に静かに暮らそう」ということである。

ここで、大勢の学生が写し間違える。「七〇歳」を「七十歳」と書く。視写を始めた矢先の写し間違いである。出ばなをくじかれた学生は少し落胆気味に言い訳する。

「最初に『七十九歳』と書いてあったので、ここも『十』と書いてしまいました。でも、よく見たら『〇』となっていて。うっかりしていたんです。」

それから学生は、「でも、何か変。」と首をかしげる。どう変だと感じるかを是非話してごらんと言うと、学生は考え込む。そして、再び口を開く。

「先生、あのね、最初に漢字で『十』と書いたんだから、こっちも同じように『七十歳』と書くと、普通思うじゃないですか。それで、もしもこっちで『七〇歳』(ナナゼロサイ)と書くんだったら、最初の所はこの『十』をやめちゃって『七九歳』(ナナキュウサイ)って書かないといけないんじゃないですかぁ。」

いい指摘である。なかなか鋭い。そう誉めると学生は少し元気になる。

学生は次の疑問をもつ。

石坂氏は数字の表記をどのように使い分けているのか。他の箇所ではどうなっているのか。

「調べてみようか。」と誘うと、学生はすぐに乗ってくる。写し間違えた悔しさが学生を駆り立てるらしい。そして、次の⑴⑵の事実を発見する。

⑴　三月十日の「私の履歴書」⑩に、「昭和二十五年(一九五〇年)」と書いてある。つまり、元号には「十」を用い、西暦には「〇」を用いている。「昭和二五年」でもなければ「一九五十年」でもない。この表記の使い分けは、他を見ても終始一貫している。「〇」は、先の「七〇歳」を除いて、西暦の表記にのみ使われている。(実は、「〇」は西暦以外に、次の三箇所で使われていた。三月二十日⑲における「五〇〇ミリリットル」「四〇リットル」、三月二十五日㉔における「一〇—二〇%」。この時は見落とした。)

⑵　年齢の表記では、先の「七〇歳」以外は全て「十」を使っている。例えば三月十二日の⑫には、「父は八十歳になっており」と書いてある。「八〇歳」とは書いていない。そして、最も決定的な証拠は三月三十日の㉙に出てくる。「私は七十歳になるから」と書いてある。「七〇歳」ではない。

学生は結論を出す。先の「七〇歳」は、「七十歳」と書くべきだった。氏自身の年齢表記の原則に従えば、そう書くべきである。ここは石坂氏の方が悪い。いい加減だ。「七〇歳」を「七十歳」と書いてしまったのは、確かに学生自身の写し間違いではある。しかし、写し間違えるのは当然だ。むしろ、ここでは写し間違えるべきなのだ。

この事例の写し間違いは、表記の原則の揺れに引っかかったがゆえに起きた。

学生は第一文で、「七十九歳」と正確に書いた。この時の〈筆触〉が〈からだ〉にこの表記の方法で進めばいいのだと教える。年齢の表記には「十」を使うという原則があるらしいと〈からだ〉は学習する。年齢表記に対する構えが出来る。だから、再び年齢の記述が出て来ると、〈からだ〉は「十」と書く。

「七〇歳」の所で写し間違えなかった学生は、表記の原則を想定しようという気が働かなかったと言う。目の前の文字を逐一見て写すことに意識が向き、それで精一杯であったというのである。「書いてある通り、ただ見て写しただけです。」と言ったのは、正直な説明であった。「ただ見て写しただけ」だから間違わなかった。表記の原則を想定する思考活動が介在しなかったのだろう。

これに対して、写し間違えた学生は想定した。想定して、見込みで書いた。「七〇歳」という文字は見ることは見た。しかし、自分が想定した表記の原則にたよった。その結果、間違えた。

写し間違えた学生は、間違いに気付き、赤で直しを入れた。「十」を「〇」に直した。この時の〈筆触〉は〈からだ〉に違和感をもたらす。年齢表記に対する構えが揺らいだからである。間違って「七十歳」と書いた時は〈からだ〉は自然な動きをした。違和感は無かった。〈筆触〉が、「何か変」という思考を刺激した。赤の直しを入れた時の〈筆触〉が、この思考の引き金（trigger）となった。

写し間違えた学生は実際に赤で「〇」と書いた。つまり、〈筆触〉した。その時、「本当にこれでいいのかなあ。こう書いてみたけど、これでいいのかなあ。」と思ったと言った。書いた（〈筆触〉した）から思ったのである。見ただけなら、思うには到らなかっただろう。

写し間違えた学生は学習する。次の二つである。

(1)　石坂氏の表記のし方に、今後よく注意せよ。注意散漫では写し間違える。見込みで書くな。表記の原則は揺れている。

(2)　表記には原則がある。その原則を自覚せよ。また、その原則を貫け。何より自分が書く文章で、それを実践せよ。

学生の〈からだ〉は、一字一字の表記に敏感になり始める。だらしなく寝そべっていた身を起こし、机に向かわないといられなくなる。石坂氏の文章を〈からだ〉全体でとらえ始める。

第二節　【事例2】漢字・平仮名表記

――「ゆるす」と「許す」

石坂氏が引退の年と考えていた七十歳を迎えた時、妻「照子」の病状は悪化の一途をたどっていた。その前年、病身の「照子」は夫に結婚記念日のカードを贈った。そして、それを最後に「照子」はカードを書くことが出来なくなった。次は、その最後のカードの文言である[10]。

「一日一日を大事にして生きていく以外には致し方ないとあきらめに達しています。まったく四五年間幸せに、大事にして可愛がって頂きました。……貴方に不自由な思いだけをかけていて、本当にすまないと思いますが、許してください。そしていつまでも、照子のボクとして、最後まで貴方を愛して先立ってゆく私をゆるして下さい」

学生はこのくだりで「感動して涙が出ました。」と後に作文で書いた。個人指導の時に、「すごいラブレター！」と評する学生もいた。特に女子にとって、ここは読ませるくだりである。

ところが、ここで写し間違える学生が続出した。最後の一文の文末を「許して下さい」と書いてしまったのである。また、何人もの学生が、写し間違えるには到らなかったがもう少しで「許して」と書くところだったと明かした。

写し間違えた学生は納得がいかない。「せっかく感動したのに、そのいい所で間違えるなんて。」とおさまらない。「いい所」に赤の直しを入れた。無粋だと感じる。（写し間違えるには到らなかった学生は、この状態とは無縁である。）

学生は次のように言った。

「すぐ前の文は漢字で『許してください』と書いてるのに、なんでこっちは平仮名なんですか。おんなじに書いてもらいたいですよ。それに、『許してください』の方は『許して』が漢字で『ください』が平仮名でしょう。私、ここをもう少しで漢字で『下さい』と書きそうになった。それで次は逆に、『ゆるして』が平仮名で『下さい』が漢字でしょう。漢字にしたり、平仮名にしたり、もう滅茶苦茶！　何でなんだろう。」

「何でだと思いますか。」と学生に聞く。学生は、「照子」が病気で衰弱していて表記が乱れたという説を立てる。

「そのくらい、照子さんの病気が重かったたっていうことじゃありませんか。」

しかし、そうだろうか。「照子」は健康な時にはこのような書き方はしなかったのか。この「私の履歴書」には、ほかに「照子」の文章の引用はないか。

私の問いを受けて、学生は、「そういえば」と⑱に引用された「照子」の文章を捜し出した。視写すると、かなりよく記憶するらしい。学生が捜し出したのは、一九六七年の結婚記念日に「照子」が書いたカードの文言である。次のように書いてある（点線も原文のまま）。

「二人のえらんだ道であり、ここまで力を合わせて登ってきたみちです。……頑張りましょう」

研究者としての「照子」の決意が書かれている。先のカードより三十年近く前に書かれた。この時「照子」は元気に研究に励んでいた。

学生は気が付く。ここでも漢字・平仮名表記が変わっている。最初は「道」と漢字で書き、次は「みち」と平仮名になっている。

「そうだ、この時も何か変だなあって思ったんですよ。漢字で書いた後、平仮名に変える癖が照子さんにはあるみたい。両方ともそうですよね。」

「道」と「みち」。「許す」と「ゆるす」。同じ語が漢字表記と平仮名表記とで対置されている。繰り返しの中に変化を加えている。

この「癖」、つまりこの文体に、学生はまだ馴染めない。石坂氏の文体には大分馴染んだ。だから、写していて、石坂氏なら次はこう書くだろう、石坂氏だからひょっとすると次は平仮名を出してくるのではないかと予想できるようになった。しかし、「照子」の方はその文章の引用は二箇所しか無い。視写する機会は乏しい。視写量が少なすぎる。だから予想するのは困難である。写し間違いが起こる。

「道」を「みち」と書き、「許す」を「ゆるす」と書くと、平仮名表記の方に目が止まると学生は言う。「道」や「許す」は「普通」だが、「みち」や「ゆるす」は「普通書かない」というのである。だから「みち」や「ゆるす」は印象に残る。

学生はどんな時に、漢字の代りに平仮名を使うか。学生は答える。

「漢字が分かんない時とか、漢字書くのが面倒臭い時。それに、私はしないけど、小説なんかにあると思う。女の子の思ったことを書く時。『〇〇くんが好き』って書く時、わざわざ平仮名で『すき』って書く。女の子らしいでしょう。」

いわゆる「女手」である。女手を用いて男手の堅い感じを和らげる。「二人のえらんだ道」と書き、「選ぶ」という漢字表記を避けるのも、そのためかもしれない。「許してください」と書き、「許して下さい」と漢字を多用するのを避けるのも、そうかもしれない。

「照子」は逆に、平仮名表記をやめ漢字表記を選んでいる場合もある。「ゆるして下さい」の部分である。「ゆるしてください」と全て平仮名書きにするのを避けている。これは、漢字、平仮名の視覚的な割合を気にするからかもしれない。

あるいは、全て平仮名書きにすると、意味をつかみにくくなる。表意文字の漢字が欲しくなる。この理由で「下さい」だけは漢字表記にするのかもしれない。

あるいはまた、「下さい」を漢字にすることで、上の「ゆるして」を目立たせたいのかもしれない。つまり、「照子」の美意識が働いているのかもしれない。

これは結婚記念日のカードである。読ませる相手は夫だけである。カードの文言は、「照子」らしく、また美しくなければならない。第三者である若い学生にとって、そこを読み解くのはなかなか難しい。しかし、この個人指導で学生はそこを読み解く手がかりを得たと喜ぶ。病気衰弱説を撤回する。

学生はこれまで石坂氏の表記に苦労して来た。例えば石坂氏は一方で、「私はいま、ワイフの照子が生れた山形市に住んでいる。」と書く（①、傍点引用者、本段落中の引用部分の傍点は全て引用者による）。しかしその一方で「今でも感謝している」（②）と漢字表記に変える。これはなぜか。また、一方で「IgE抗体がつくられる」と書きながら、他方では「動物はIgGを作ったりIgEを作ったりする。」と書き分ける（㉑）。これはなぜか。学生はこれらの書き分けの理由は成り立たないと思う。「石坂さんには振り回されています。」と訴える。

学生は自分が書く文章でも他人（ひと）が書いた文章でも、こんなに表記のし方を気にしたことは今までなかったと言う。漢字表記であろうが平仮名表記であろうが、どうでもよかった。その時の気分に任せて書いた。

しかし、視写すると、非常に気になる。見逃せなくなる。何しろ、一マス一マス、強い筆圧で字を埋めていくのである。しかも、一字でも写し間違えたら、赤で直しを入れねば先に進めないのである。赤で直した文字を見る。なぜこんな所で写し間違えたのだろうと思う。石坂氏に直接質問することは出来ない。だから、代りに教師に疑問をぶつける。

学生は、視写と個人指導において、次のことを学習する。

石坂氏の文章は、研究論文でもないし、研究書でもない。比較的気楽に書いた自伝である。論証を要することもなければ、論争する必要もない。細部まで表記の原則を自覚的に決め、それを貫く必要がないのである。だから、表記の原則が揺れる。コミュニケーション状況が、表記の原則の厳密な適用を要求しないのである。

一方、「照子」の「ラブレター」は「照子」らしく、美しくなければならない。そのためには表記のし方を変えても構わない。それは、美の原則に従った書き分けなのだろう。

写し間違いは、表記の原則を学生に意識させる。そして、表記の原則の揺れを追求する気にさせる。写し間違わなくても、一字一字マス目に字を刻むと、表記の原則の揺れは〈筆触〉により意識される。しかし、写し間違えると赤で直さねばならない。そこで、二種類の〈筆触〉を学生は得る。それが、学生の思考を一層刺激する。

第三節　【事例3】助詞の有無
――「我々は」と「我々」

石坂氏は①で書く。

自分が歩んできた道を語る時、私はよく「我々は」と言う。我々というのは私と照子のことである。彼女も免疫学の研究者であり、同時に妻であり息子の母親でもある。文字通り一人三役をこなしていた。私の仕事のほとんどは彼女との共同作業によるものだから「我々は」を使うのである。

学生はこの最初の文で写し間違える。「我々は」を「我々」と書く。その結果、次のような一文が出来上がる。

自分が歩んできた道を語る時、私はよく「我々」と言う。

「は」という係助詞一つであるが、これが有るのと無いのとでどう違うかに学生は思い到らない。単に「我々」という語を使っている事実だけを書けば済むような気がする。しかし、そう書いてしまった後、そこに赤で「は」を加えてみて、「は」の手応えを学生は感じる。無視できなくなる。

「は」が有るのと無いのとでは、どう違うか。改めて二つの文を並べて見比べさせる。

石坂氏　自分が歩んで来た道を語る時、私はよく「我々は」と言う。

学　生　自分が歩んで来た道を語る時、私はよく「我々」と言う。

石坂氏の方を読むと、氏が「我々」という語を文の主語としてよく使うことが分かる。つまり、「我々は〜である。」や「我々は〜した。」などの文をよく書くことが分かる。それが分かるのは、ひとえに係助詞「は」のおかげである。時枝文法でいう「辞」を示したおかげである[11]。

これに対して学生の方は、「我々」という語を石坂氏がよく使うことまでは分かる。しかし、「我々」という語をどこでどう使うかは分からない。それを知りたくても、「我々」だけでは何の手がかりも無い。時枝文法でいう「詞」だけでは、文は想定できない。

つまり、石坂氏は「詞」＋「辞」の形式を用いて語の使われ方の典型例を示したのである。これに対して、学生の方は単に使用頻度の高い用語を指摘しただけである。

「自分が歩んできた道を語る」自伝では、人はどのような文を書くのが自然か。典型的な文は、「私は〜である。」「私は〜した。」である。「自分」、つまり「私」のことを書くのだから、「私は」という主語がよく登場するのが自然である。読者はそれを期待する。

ところが石坂氏は自分の文章には「我々は」で始まる文がよく登場すると言う。つまり、「我々は」という主語をよく使うと言う。そこが読者には意外である。右の期待を裏切るからである。「自分」のことを書くのに、なぜ「我々」のことを書いているとしか読めない文をよく作るのか。「我々は」は「私は」の間違いではないのか。これでは「我々の履歴書」ではないか、と読者は思う。

この謎は、この後、石坂氏によって解き明かされる。石坂氏は次のように書く（①）。

私の仕事のほとんどは彼女との共同作業によるものだから「我々は」を使うのである。

この一文で、読者は事の次第を知る。なるほど、だから「我々は」と書かざるを得ないわけだ、と納得する。それから読者は、自分が思ったのと全く同じ表現を、次に見る。石坂氏は書く（①）。

その意味でこれから書く「私の履歴書」も「我々の履歴書」と言ってもよいかもしれない。

「は」をあえて書いたのは、読者に意外性を感じさせ、事の次第を明かして納得させるという計算があったからである。読者に意外性を感じさせるには、「我々は〜した。」という文の形式を示しておく必要があった。

学生はそれが読めなかった。そして、「は」を意識せず、「我々」だけ書けばいいと思った。「我々」という語が大事なのであり、「は」は付け足しだと軽く見た。しかし、赤でこの「は」を書き加えた時、この「は」の重要性を感じた。この「は」を書き落とすと、何か重要な働きが失われるように感じた。

学生は言った。

「私ならここで『は』まで書くってことは出来なかったと思います。『我々』だけ書いたら安心してしまうと思います。『は』一つでもいい加減に考えてはいけないのですね。」

「電話の向こうで『俺が、俺が、』と言う。」と書けば、自己顕示欲の強い男の話になる。ところがこの「が」を省略して、「電話の向こうで『俺、俺、』と言う。」と書けば、オレオレ詐欺の話と間違われる。学生はその恐れもなく、後者のような省略をする。名詞を裸で出せば、相手がその使用を汲んで分かってくれると思っている。言い換えれば、助詞を補い文を想定する仕事を自分で担わない。相手に任せ、依存している。要するに、助詞に対する意識が乏しい。そして、助詞の使用が稚拙である。

だから、この「我々は」の写し間違いは学生にとっていい勉強になる。助詞を使いこなせなければいい文章が書けないことを知る。文章力の有無を決める決め手の一つは、助詞である。それを学生は知る。

第四節　【事例4】アスペクト

――「遊んでいた」と「遊んだ」

「私の履歴書」③では石坂氏の子供時代の思い出がいくつか綴られている。その最初の思い出話が次の二つの段落である。

誰でも子供のころによく遊んだ友達を思い出すものだが、私が小さいころによく遊んだ相手は別当さんだった。別当さんとは階級が高い軍人の身の回りの世話をする人のことであり、徳島と弘前では父についていた。父は別当さんと一緒に馬に乗って毎朝司令部に行き、父を送った後別当さんが馬を連れて戻ってくる。別当さん夫婦の住居は私たちが住んでいた屋敷の一角にあったので、私は馬に乗せてもらったりして一緒に遊んでいた。

学生は、この最後の「遊んでいた」を写し間違えた。「遊んでいた」を「遊んだ」と書いた。最後の一文は次のように変わった。

別当さん夫婦の住居は私たちが住んでいた屋敷の一角にあったので、私は馬に乗せてもらったりして一緒に遊んだ。

「遊んだ」と「遊んでいた」は、アスペクト（相）が違う。

アスペクト（相）とは、「ある現象を〔略〕一つの幅のある事象の中のプロセスのどの点かによって描き分ける〔略〕システム」である。つまり、「始動か、途中継続進行中、未完結のものと見るか、完了したもの、完結したものと見るかに動詞の形を対応させる〔略〕システム」である（井上和子編『日本文法小辞典』大修館書店、二〇〇一年、一六九ページ）。

この「システム」において「遊んだ」は「完了したもの」つまり「完了相」を表す。「遊ぶ」は動作動詞である。この遊ぶという動作は、発話時にはすでに「完了」しているのである。

これに対して、「遊んでいた」は「継続相」を表す。ただし、それは「途中継続進行中」なのではなく、一定期間継続していたが、発話時にはその期間が「完了」していることを表す。「遊んでいた」は「遊んでいる」とはその点で違う。

石坂氏は、「遊んでいた」という継続相を用いた。それによって、「別当さん」との遊びが当時、継続していたことを表した。つまり、氏はそれによって「別当さん」との遊びの日常性を描いた。

これに対して、学生は「遊んだ」という完了相を用いた。これでは遊びの継続性、日常性を表すことは出来ない。「遊んだ」は、過去の事実を示すだけである。遊んだ事実が一度であったのか、それとも日常的に繰り返されたのかを区別して示すことは出来ない。一度でも遊んだ事実があれば、「遊んだ」と書くことが出来る。

第一文に、「小さいころによく遊んだ」と書いている。この「遊んだ」が日常的に繰り返されていたと読めるのは、「遊んだ」のアスペクトによるのではない。「よく」という語による。「よく」があるから読者はこの遊びが日常的であったと理解する。「よく」がなければ（「遊んだ」だけでは）日常的であったかどうかの決め手はない。

また、「子供のころ」「小さいころ」と書いてある。「ころ」だから、一定の幅のある期間の話なのだと読者は理解する。この話で一度しか遊んだことがない場合を書くとしたら、積極的に「一度遊んだことがある」と書くだろう。そうは書いていないところを見ると、この「遊んだ」は日常的なのかなあと読者は思う。「よく」がそれを決定的なものにする。

「遊んだ」という完了相は、第一段落で用いられている。これに対して「遊んでいた」という継続相は、第二段落で用いられている。石坂氏はなぜ段落によってアスペクトを使い分けたのか。つまり、第二段落ではなぜ継続相でなければならなかったのか。

個人指導では、この問題を学生に考えさせた。学生は、「遊んだ」ではなく「遊んでいた」でなければならない理由を知りたがった。

第一段落は二つの文から成る。第一文は次の通りである。

　　誰でも子供のころによく遊んだ友達を思い出すものだが、私が小さいころによく遊んだ相手は別当さんだった。

学生はこの第一文で、石坂氏の子供時代の遊び相手を知る。しかし、よく分からないことが二つある。

(1)「誰でも子供のころによく遊んだ友達を思い出すものだが」と書いてある。だから、「別当さん」も「友達」なのだろうと学生は思う。しかし、それなら、「私が小さいころによく遊んだ相手」と書くのはなぜか。なぜ「友達」と書かずに「相手」と書き換えるのか。

(2)「別当さん」と書き、「別当君」や「○○ちゃん」と書かないのはなぜか。「さん」だから、少し年上の人なのか。

学生はこの時、「別当」が人の名前（姓）だと思い込んでいる。

学生のこの二つの疑問は、次の第二文ですぐ解ける。第二文は次の通りである。

別当さんとは階級が高い軍人の身の回りの世話をする人のことであり、徳島と弘前では父についていた。

「別当さん」とはどんな人かが説明されている。当時の石坂氏の遊び相手は、同年代の子供ではない。「少し年上」でもない。大人である。そして父親の世話係なのである。これで学生は納得する。「友達」と書けず「さん」という敬称を用いた理由を理解する。また、「別当」が人の名前（姓）ではなく、役職の名称であることも知る。

第一段落の仕事は、石坂氏の子供時代の遊び相手を読者に教え、「別当さん」の説明をすることである。つまり、過去の事実を示し、それに説明を加えるのが、第一段落での仕事である。

これに対して第二段落の仕事は何か。

第二段落もまた、第一段落と同じく二つの文から成る。第一段落から通して数えると、第三文と第四文の二つの文である。

第三文は次の通りである。

父は別当さんと一緒に馬に乗って毎朝司令部に行き、父を送った後別当さんが馬を連れて戻ってくる。

第一文、第二文は、ともに文末は過去形であった。第一文は「別当さんだった。」であり、第二文は「ついていた。」で終わっていた。これに対して、第三文は「戻ってくる。」である。過去形ではない。学生はここに注目する。

また、この「戻ってくる。」の「てくる」にも学生は注目する。「てくる」とは、子供時代の石坂氏の側から見るから「てくる」なのだと気付く。

グループ・ジャマシイ編著『日本語文型辞典』（くろしお出版、二〇〇二年）では、この「てくる」は「近づく移動」を表すと説明する。「てくる」は、「離れたところの人やものが、話し手の領域に近づくことを表す」（二五〇ページ）。つまり、「別当さん」は子供時代の石坂氏のいる生活の場に「戻ってくる」のである。「戻ってくる」は、子供時代の石坂氏の目でとらえた、氏のいる「領域」への「近づく移動」を表す。

過去形ではなく、現在形を用いる。そして「てくる」を用いる。これらによって、石坂氏は当時の子供であった時の視点で「別当さん」の日常を描写しているのである。第二文のように、単に過去の事実を示しているのではない。また、第二文のように、読者に説明を加えているのでもない。第三文は、子供であった時の視点で「別当さん」の仕事を描写する。この第三文を読むと、読者は子供時代の石坂氏が「別当さん」の日常公務をどうとらえていたかが分かる。第二文でいう「身の回りの世話」の具体的内容を、子供の視点を通して思い描くことが出来るのである。

続いて第四文となる。第四文は次の通りである。

別当さん夫婦の住居は私たちが住んでいた屋敷の一角にあったので、私は馬に乗せてもらったりして一緒に遊んでいた。

「馬に乗せてもらったりして」は、「別当さん」との遊びの具体例である。この馬は父親の送迎に使用される。

子供の乗り物ではない。遊び道具でもない。おそらく「別当さん」は内緒で乗せてくれたのだろう。「乗せてもらったりして」だから、他の遊びもしたであろう。例えば一緒に散歩したり、かけっこをしたりもしたであろう。しかし、氏にとって最も楽しかった思い出は、「馬に乗せてもらう」ことだったはずである。この最も楽しかった思い出を例に挙げて、氏は「別当さん」との遊びの日常を描いたのである。

第二段落は、当時の日常を描き、物語る段落である。遊び方の例を挙げて具体的に描いてみせるのが、第二段落の仕事である。

「遊んでいた」という継続相を、なぜこの第二段落で用いたのか。「遊んだ」ではなく「遊んでいた」と書いたのは、なぜか。

石坂氏は、過去の事実を示し、説明する仕事と、当時の日常を描き、物語る仕事とで、段落を分けた。段落を分けることにより、この二つの仕事を書き分けた。当時の日常を描き、物語るのには、「遊んでいた」という継続相が必要であった。遊びの継続性、日常性を表すアスペクトが必要であったのである。

学生はその「遊んでいた」を「遊んだ」と変えてしまった。これにより、いつ、どこで、何をして遊んだかの事実をただ示すだけの文が出来た。当時の遊びを描写し、物語る文ではなくなった。事実をただ示すだけならば、第一段落でした仕事と変わらない。二つの段落に分ける意義はなくなる。学生は、「遊んだ」と写し間違えたのは、石坂氏がこの二つの段落に書き分けた意味をとらえ損ねていたがゆえだと思うに到る。事実を示すのか、描写し物語るのか。それにより、アスペクトの選択が変わる。学生はそれを学んだ。

第五節　【事例5】鍵語の選択
——「仕事」と「こと」

石坂氏は「私の履歴書」最終回の㉚で、次のように書く。

　私が結婚前に躊躇《ちゅうちょ》したことは、結婚が照子のキャリアにとってマイナスにならないかということであった。その当時は既婚女性の科学者は日本には存在しなかったが、我々は米国に移ったので事情が変わった。私は自分のしたいことをしたが、彼女もやりたい仕事をやったはずだし彼女らしく生きたと思う。

学生はこの最後の文で次のように写し間違えた。

　私は自分のしたいことをしたが、彼女もやりたいことをやったはずだし彼女らしく生きたと思う。

石坂氏の方は「彼女もやりたい仕事をやったはずだし」である。「やりたいこと」ではない。学生は、「仕事」と書かずに「こと」と書いてしまった。

なぜ学生は写し間違えたのか。学生の説明から察すると、次のようなわけであるらしい。

「私は自分のしたいことをしたが」と石坂氏はその文を書き始めている。この「したいこと」に影響された。この一文では、「私」つまり石坂氏自身の話と、「彼女」つまり「照子」の話とが並んでいる。一方の石坂氏が「したいこと」なら、もう一方の「照子」の方も同様に「やりたいこと」でいいではないか。いや、もっと徹底して同じ「したいこと」という表現をそのまま繰り返せばいいではないか。そう思って、違いを見逃した。よく注意しなかった。同じ「こと」を繰り返せばいいだろうと、見込みで書いてしまった。

その後、学生は写し間違いに気付いた。「こと」ではなくて「仕事」と書いてある。赤の直しを入れる。直しながら学生は思った。

なぜ「仕事」なのだろうか。石坂氏の方が「こと」で、「照子」の方はなぜ「仕事」なのだろうか。逆に、石坂氏の方が「仕事」でないのはなぜなのだろうか。気になり始める。

学生に問うた。石坂氏が「自分のしたいことをした」と書いたのは、これが初めてだろうか。

初めてではなかったと思うと学生は答えた。これに類する記述は今まで何度かあったように思うと、学生は言った。改めてそれを洗い出させた。次の五例が見つかった。

(1) 人からよく「石坂さんは行きたいところにいって、自分がしたいことを自由にやってきましたね」と言われる。(①)

(2) 一生に一度でよいから自分のしたいことをさせてもらいたい(①)

(3)　私が自分のやりたいことができたのも両親のこうした考えがあったためではないか（②）
(4)　「自分がやりたいことに今後の人生をかけてみたい」という願いが頭をもたげてきた。（④）
(5)　自分のやりたいことをやったのに、その結果を他の研究者に使ってもらえたことは幸いであった。（㉚）

右の五例のうち、「仕事」と書かれている例は無い。全て「こと」と書かれている。「自分のしたいこと」、「自分のやりたいこと」、「自分がやりたいこと」――類似の表現が繰り返し登場する。これは、石坂氏の生き方を語る時の鍵語《キー・ワード》である。鍵語なのだから、今問題にしている一文でも、同じ表現を使う。絶対に変更はない。つまり、「自分のしたいことをした」以外の表現は、石坂氏についてはあり得ない。「仕事」とは書かない。

それではなぜ、「照子」の方も同じ「こと」を使わないのか。学生は次のように言った。「『こと』は石坂さんのための言葉だから、照子さんの方は別の言葉じゃないといけませんよね。」

「照子」の生き方を語る時の鍵語は、石坂氏のとは別でなければならないというのである。つまり、「石坂さんのための言葉」と「照子」の「ための言葉」が要る。二人の生き方を語るのに、ほぼ同じ文型にして、鍵語は使い分けるのである。次のようにである。

私は自分のしたいことをした
彼女もやりたい仕事をやった

学生に説明する。

右は対句である。二人の生き方を対照するのに、対句という修辞的技法を用いているのである。学生の先の言い方を借りれば、それぞれの「ための言葉」を対照的に並べて、それぞれの生き方の特徴を際立たせる。対句表現のためには、「したいこと」という同じ表現を繰り返し使わない。対句表現が、「照子」の生き方を語る別の言葉を要求するのである。

学生は言った。

「石坂さんも照子さんも、自分が思っていることを伝えるのに対句みたいなのをよく使うんですね。すごく印象に残る所は、必ず対句を使っている気がします。前も、照子さんがカードでそうしていました。最初、『道』って漢字にして、次に平仮名で『みち』って書いて並べたり、『ゆるして下さい』もそうだったし……。」

学生は写し間違えた時、対句という修辞的技法に気が付かなかった。ただ同じ表現、同じ語を繰り返し書けばよいと思った。「こと」と「仕事」とを使い分ける意味を理解できなかった。

残る問題は、それではなぜ、「こと」に対して「仕事」でなければならないのか、である。「照子」の生き方を語るための鍵語が「仕事」であるのはなぜか。

学生に「私の履歴書」㉕を見よと指示する。この㉕には、「女性科学者」という副題がついている。氏はそこで、アメリカにおける女性科学者たちの意識と彼女たちを取り巻く社会的環境、とりわけ学界における彼女たちの処遇のし方を紹介する。「女性の社会進出」がアメリカではどのように達成されているか。氏は、「照子はその典型である。」と書き、「照子」を通してその実態を描く。
㉚にあった問題の一文「私は自分のしたいことをしたが、彼女もやりたい仕事をやったはずだし〔略〕」の前に、次の一文があった。

その当時は既婚女性の科学者は日本には存在しなかったが、我々は米国に移ったので事情が変わった。

どう「事情が変わった」のかを具体的に知るには、㉕が役に立つ。「照子」は「米国に移った」がゆえに、「やりたい仕事」をやることが出来た。研究に専念することが出来、米国の大学に教授の職を得た。
㉕を読むと分かる。「仕事」は「女性の社会進出」の鍵語である。「女性の社会進出」は、社会的偏見との闘いを経て達成される。学生は視写をしたので記憶している。例えば「照子」は「夫婦が同じ研究室で働くことは前例がない」という理由で厚生技官になるのを一年待たされた(⑧)。また、「医学部では女性の教授の前例はこれまでない」という理由で、日本で教授の職を得ることが出来なかった(㉕)。これらに抗して、「照子」は「仕事」の場をアメリカで獲得し、「仕事」人生を成就した。㉕で書かれているのは、まさにその経緯である。
学生は㉕を改めて読み、理解する。女性にとって、「仕事」とは、求め、闘い取るものである。「照子」の人生もそうであった。「照子」は「やりたい仕事」をやる環境を、アメリカで獲得し、その能力を発揮したのであった。

石坂氏は㉚で書いていた。

私が結婚前に躊躇《ちゅうちょ》したことは、、結婚が照子のキャリアにとってマイナスにならないかということであった。

氏は、結婚が「照子」の「仕事」、そして「社会進出」を妨げる結果になることを恐れた。そしてまた氏は、「照子」との結婚で、自分が「照子のキャリア」に対する責任を負う立場に立ったと認識したはずであった。その「照子」が自分について一緒に渡米し、そこで「仕事」の場を獲得し、自由闊達に能力を発揮した。氏は面目を施したというべきである。その感慨が、「彼女もやりたい仕事をやったはずだ」にはある。氏にとって、「照子」の生き方を語るには、鍵語は「仕事」でなければならなかった。「こと」では、「照子」にとって「仕事」という語がもつ意味の重さを表すことが出来なかったのである。

石坂氏の方は「こと」でよい。氏にとって研究は単なる「仕事」ではない。それは、氏の自己実現そのものである。自らの生の証である。氏には仕事対家庭の対立軸は無い。

学生は言った。

「私が『仕事』を『こと』と書いてしまった時、そこまでは読めませんでした。『こと』と『仕事』という言葉を使い分ける理由まで考えないといけないんですね。」

第四章 「私ならこう書く」
――学生の主張

大分視写に慣れてくると、次のように質問する学生が出現する。

「写していると、間違えなくても気になる所が出てくるでしょう。ここはこれでいいのかとか、私ならこうは書かないとか。でも、この視写は石坂さんが書いた通りに写すのが目的でやっているのだから、私の思うように直して書くのはまずいですよね。」

学生は、最初はこのような質問はしない。字を書く姿勢を維持し、濃く大きい字を書くのに精一杯だからである。正確に写すよう努めるだけで疲れてしまうからである。

しかし、次第に〈からだ〉が出来て視写に慣れてくると、石坂氏と自分との違いを意識し始める。正確に写そうと努めれば努めるほど、さまざまな箇所で違いを強く意識するようになる。そして学生は、次のように自己主張したくなる。

私なら、絶対ここで点を打つ。

私なら、ここで「。」にして文を終える。

私ならここで段落を変えない。

私ならここでこの言葉は使わない。

私ならここで説明の文を入れる（石坂さんの話の進め方は飛躍している）。……

このような気になる所をそのままにして、ただ正確に写すだけではつまらない。写し間違いを赤で直すだけでは不満である。

確かに石坂氏の書き方の方が自分の書き方よりいいと思う場合もある。例えば自分ならここで文を切らずにダラダラと続けるだろう。石坂氏のように短い文にした方がずっといい。読みやすい。しかし、逆にここは自分の書き方の方がいいと思う所もある。そういう所はいっそのこと、正しく書き換えてやりたいと思う。それでも自分は黙っていなければならないのか。与えられたものを黙ってただ正確に写さないといけないのか。


全ての学生が右のような趣旨の質問をするわけではない。正確に写すだけで精一杯の学生はこのような質問はしない。文章を書く経験が極度に乏しく、自分なりの文体を持てなければ、石坂氏の文体に違和感をもつことは出来ない。このような学生には、黙々と視写を続けさせるべきである。しかし、右のような趣旨の質問をする学生には、答えなければならない。

学生も認める通り、書き換えてしまったのでは視写にならない。改作になる。だから、視写をする限りは、石坂氏が書いた通りに正確に写すべきである。

しかし、学生が気になった所をそのままにしておくのは惜しい。写し間違いは学生の思考を表す。あるいは、学生の〈からだ〉の状態を表す。同様に、「書き換えてやりたい」というのも、学生がそう思考し、〈からだ〉がそれを欲することの表れである。これを記録して残さないのは、やはり惜しい。

そこで、次のように提案する。

> 気になる所には、書き込みをしよう。赤は写し間違いを直すのに用いる色だから、それ以外の色を使おう。青でも緑でもよい。書き込むための色を自分で決める。その決めた色で、変だなと思う理由や代案を行間に書き込む。そうすれば、どこが気になるか、どう気になるかを示すことが出来る。

学生は同意する。そして、学生の言によれば「ヤル気」になる。嬉しそうに、「次から書き込みを入れるので、先生、見て下さい。」などと言い残して帰ってゆく。

学生はどこでどのような書き込みをしたか。個人指導でそれをどう検討したか。それぞれの事例において、〈筆触〉が学生の思考をどう刺激したかを示す。（事例には第三章からの通し番号を付す。）

第一節　【事例6】漢字・平仮名表記
――「さす」と「刺す」

石坂氏はアレルギー研究において血清注射の反応を測定する実験を行った。血清注射は肝炎の感染の危険を伴う。そこで、氏は自分の背中を使うことにした。氏は⑰で書く。

　そこで、照子にサンプルを背中に注射してもらい、翌日そこへ抗原を注射して反応の大きさを測ってもらった。しかし、実験が佳境に入ったら私の背中だけでは足りなくなって、照子の背中も使うようになった。彼女は「これを『さしつ、さされつ』というのね」と冗談を口にした。

学生の書き込みは、この最後の「さしつ、さされつ」にあった。次の通りである。

　『さ（↓刺）しつ、さ（↓刺）されつ』

学生は、こう書きこんだ理由を個人指導で説明した。次のような趣旨であった。

　二人は注射し合ったのだから、注射針を刺すという意味を明瞭に示すべきである。平仮名書きの「さしつ、さされつ」では、注射針を刺すという意味がぼやける。この「さしつ、さされつ」の部分は「照子」の口頭のセリフである。だから、それを文字で表すのに漢字にするのは、引用の誤りでも何でもない。読者に意味を明瞭に示すために、漢字を用いるべきである。

学生は、石坂氏の漢字表記、平仮名表記の使い分けに苦労してきた。だから、この問題にはとりわけ敏感になっている。そこで、学生は、なぜ「さしつ、さされつ」と平仮名で書くのだと勢い込む。「私ならここは漢字で書く」と主張する。

意味を明瞭に示すために、漢字を使え。この学生の主張は正しい。いい指摘である。そうほめると、学生は晴れ晴れとした顔をする。学生が言う通り、この「さしつ、さされつ」が注射針を刺すという意味であるならば、漢字で「刺しつ、刺されつ」と書くべきである。

学生に問いかける。しかし、ここはその意味なのだろうか。学生は怪訝な顔をする。さらに問う。「さしつ、さされつ」は慣用表現である。どんな時に使う慣用表現かを知っているか。学生の反応は鈍い。「『さしつ、さされつ』の経験なんて皆さんには無いでしょうね。」と言っても、有るとも無いとも答えない。要するに知らないのである。

次のように説明してやる。

「さしつ、さされつ」とは、酒席で盛んに杯をやりとりすることをいう。「さす」とは液体を容器に注ぐことである。「さしつ、さされつ」の場合は、酒（＝液体）を杯（＝容器）に注ぐのである。それを互いに繰り返す。酒を酌み交わして人と親しく交わる。これは、酒を介した大人同士の親交を表すのである。


さらに説明を加えて学生に言った。

「私の場合はあまり飲めないから、『さしつ、さされつ』の経験はほとんど無い。ウーロン茶では相手も白ける。皆さんの場合は未成年だから飲酒はそもそも禁止されている。隠れて飲んだとしても、めいめいが自分用の缶ビールを飲む程度でしょう。これでは『さしつ、さされつ』にはならない。」

学生はやっと深く頷く。

要するに、学生には、「さしつ、さされつ」の経験が無い。その上、そのような大人の付き合いを描写した文章を読んだ経験も無い。つまり、読書経験が乏しい。だから、「さしつ、さされつ」という表現に出会う機会が無い。その結果、「さしつ、さされつ」を大真面目に「刺しつ、刺されつ」と読む。

石坂氏は「これを『さしつ、さされつ』と言うのね」が「照子」の「冗談」であったという。「刺しつ、刺されつ」と読んだ時、なぜこれが「冗談」かが分かったか、と学生に訊いた。やはり、だめであった。「冗談」だという意味が読めなかったと学生は答えた。大真面目にこれを「刺しつ、刺されつ」だと思ったら、「冗談」の意味は分からない。

液体を容器に注ぐ場合の「さす」は、どの漢字を使うのか。学生はそれに即答できずに辞書を引いた。「差す」と書くのだと確認した。学生はやっと理解して次のように言った。

「この『差す』と、『刺す』と、両方の意味があるんですね。」

「照子」は「差す」と「刺す」とを掛けたのである。掛けたから、石坂氏はここを平仮名表記にして、両方を想定する余地をあえて残した。それにより、「照子」の「冗談」の意味を示唆した。「照子」が表現したのは、二人の語らいが酒を介してではなく、注射を介してであることの可笑しさである。そして、この「冗談」が、肝炎の感染の危険を冒して実験に取り組む「照子」の気概を物語る。

個人指導では、右のような「冗談」の解説をした。学生は、「いい指摘をしたと思ったんですが……」と残念がる。

第二節　【事例7】人数

――「六人」にならない

次は「私の履歴書」⑩の冒頭部分である。

AG会、別名「銀の会」というものがある。私と東大医学部の同期生で、昭和二十五年（一九五〇年）に一緒に伝染病研究所（伝研）や国立予防衛生研究所（予研）に入った六人が仕事のことや、関心のある話題について語りあうと自然にできたものだ。中村敬三先生もこの連中に興味を示されたこともあって、メンバーが時々先生の部屋にあらわれて、先生のお話を聞くようになった。

メンバーは山田正篤君、大谷明君、大島智夫君、田中信男君、高野宏一君と我々夫婦である。

学生の書き込みは、この最後の一文にある。

メンバーは山田正篤君、大谷明君、大島智夫君、田中信男君、高野宏一君と我々夫婦である。（↓六人にならない。照子さんは何如に？）

私自身はここを視写していなかった。視写をせずに、目で追って読んでいた。目で追って読んだ時、「メンバー」の数が「六人にならない」ことには全く気付かなかった。

その一文に「メンバー」個々の名前が列挙されていることは分かる。また、「我々夫婦」という語を見て、二人も「メンバー」なのだとも分かる。それらを私は集合として一気に見る。それだけ見て、私はさっさと次に目を移す。集合として見るから、人数など数える気にはならない。石坂氏を信じて、「六人」の名前が挙がっているのだろうと思うだけである。

次に目を移すと、そこには名前を挙げた一人一人の簡単な紹介が書かれている。例えば「山田君は後に東大薬学部長をつとめたが、思ったことをずばずば言い喧嘩《けんか》っ早いので闘牛と呼んだ。」などという調子である。こちらの内容の方が、ただ名前だけを列挙している所より面白い。だからもう、関心はこちらに移る。

「六人」と書いてあるのに二、三人しか名前が挙がっていなければ、さすがに私も気が付くであろう。しかし、見た目に分かるほどの違いがなければ、そのまま見過ごす。

だから、学生の書き込みを見て学生に訊いた。

『六人にならない』ですって？」

学生は名前を一つ一つ指で押さえて数えながら説明してくれる。

「……それで、この『高野宏一君』で五人でしょう。この五人に『我々夫婦』が加われば、七人になるじゃないですか。そうすると、こっちの『六人』っていうのと合わないでしょう。」

「なるほど、よくそこまで数えましたねえ。」と、こちらは感心する。学生の説明は続く。

「だって、『メンバーは』って書いてあって人の名前が挙がり始めたら、思うでしょう。ああ、これからあの『六人』の名前を全部書かされるのかって。

石坂さんはよく知っていていろいろ思い出のある人たちだから、名前を挙げながら顔なんか思い浮かべて楽しめるけど、私なんかそんな人たち知らないもん。知らないおじさんたちの名前をいちいち書かされるのかとしか思わない。それに、知らない人の名前って、正しく書くの、結構大変ですよ。

それで、『山田正篤君』って書いてこれが一人目、『大谷明君』で二人目って数えますよ。そうやって数えながら写してったら、七人じゃんって気が付いたんです。」

学生の説明は、引き続いて「照子さんは何如に？」の書き込みの方に移る。

「照子さんって、ちゃんと一人のメンバーとして考えられていないと思うんですよ。石坂さんの付属品っていうか、ただ石坂さんの奥さんだから会に入れてもらっているけど、数に入れられてないっていうか……。七人いるのに『六人』なんて書いているのは、差別だと思うんですよ。」

しかし、この「六人」とはどのような者たちなのか。そう問うと、学生はそれが説明されている箇所を読み上げた。

本節の最初に引用した⑩の冒頭部分である。「六人」とは、「私〔石坂氏〕と東大医学部の同期生で、昭和二十五年（一九五〇年）に一緒に伝染病研究所（伝研）や国立予防衛生研究所（予研）に入った」者たちである。「照子」はどうなのか。

「そうか。照子さんは⑦に『東京女子医専』の学生だったと書いてある。ここって東大じゃないですよね。」

「そう、東大ではありません。で、そこを卒業した『照子』さんはいつ、どこに就職したのでしたっけ。」

「⑧に、『昭和二十五年秋に医師免許をとり、翌年一月から予研に勤めることになった。』と書いています。そうかぁ、照子さんは『六人』より一年遅れて『予研』に入ったんですね。」

そこで、学生に対して私の意見を述べた。次のような趣旨である。

> 卒業年次も入省年次も、「照子」は遅れている。東大医学部の卒業生でもない。つまり、「照子」はこれらの点で「六人」とは違うのである。
>
> 「AG会」は、あくまでもこの「六人」が作った私的な研究会である。この私的な研究会に、石坂氏の妻であり、同じ「予研」の研究室で働く「照子」が加わったというだけの話である。石坂氏の妻であるという私的な関係を持ち込んだといえばそうだろうが、そもそも私的な研究会なのだから、そこに目くじら立てる必要はないではないか。これは、「差別」でも何でもない。

この後、学生と私との応答が続く。

学生：でも先生、石坂さんが本当に照子さんを一人の研究者として認めてたら、「石坂照子」って名前を前の五人の名前と一緒に出すと思うんですけど。それで、最後に「そして私（石坂氏）である。」って書く。

私　：公的な組織のメンバー紹介ならそうでしょう。でも、「ＡＧ会」は私的な会だから、そこまではしないでしょう。何しろ「夫婦」だから照子さんに入れと誘ったのだろうし、それで正直に「我々夫婦」と書いたのでしょう。

学生：先生は、これ、差別だって思いませんか。

私　：ええ。だって立場が違う。「ＡＧ会」というのは、東大医学部の同期生で、しかも同じ年次に国の研究機関に就職した人たちが集まって出来た会でしょう。照子さんもそこは承知で加わったのだろうし。

学生：じゃあ、「六人」と書いているのに実際は七人いるところはどうなるんですか。

私　：この数の食い違いは、照子さんのこの会における立場を表しています。照子さんは六人とは別格なのです。数の食い違いに気付いたのは、なかなか面白い。一言、「照子は私が誘って六人に加わった。」とでも書けばよかった。でも、この⑩は「仲間たち」という副題がついていて男六人の交流を語る方に話題の中心があるから、そこまで気が回らなかった。そう解釈するのはどうでしょうか。

学生は、「差別だ」という自説に賛同を得られなかった。この点では少し残念に思ったらしい。しかし、〈筆触〉によって人数の食い違いを発見した。そして、その食い違いの意味を考えた。〈筆触〉が無ければ、恐らくこの食い違いを発見することは出来なかったであろう。そして、「照子」が置かれた立場のあいまいさを考える機会を逸したであろう。

この事例は、視写と、目で追って読む読み方との違いを明瞭に示す。視写、つまり手を使って読む方法は、目で追って読むのとは違う発見があるのである。

第三節 【事例8】接続助詞

——「から」と「ので」

「私の履歴書」⑧に進むと、接続助詞「から」を「ので」に入れ替えたいという書き込みが目立つようになる。⑧には、接続助詞「から」が六箇所で使われている。学生はこれらの「から」をことごとく「ので」に入れ替えたいというのである。次のようにである。

⑴ 基礎医学に進むのだから（↓ので）医師免許は必要ないはずだが、予研の厚生技官になるには医師国家試験を通らなければならない。

⑵ そして、国家試験を受けるためにはインターンをすまさねばならなかったから（↓ので）、私はもう一年大学病院に通うことになった。

⑶ 〔略〕照子はずっと首席を通してきたから（↓ので）卒業試験も首席で終えたい、という意欲があった。

⑷ 〔略〕微熱は続いていたし肋膜炎の後遺症としての肋間神経痛もしばしば起きたから（↓ので）、〔照子は〕寝

ていなければならないことも多かった。

(5)　終戦後四年たったころのことだから（↓なので）、〔二人の結婚式は〕ごく当り前の式であり、特別に簡素だったわけではなかった。

(6)　一方の照子はどちらかというと朝型だから（↓なので）、結婚当初は生活リズムが違っており照子は「とんでもない人と結婚してしまった」と思ったそうである。

学生は「から」を入れ替えたくなった理由を説明した。次の趣旨であった。

> 石坂氏の文章には、接続助詞「から」がよく使われているように感じてきた。最初からそれが気になっていたところに、⑧に来て、俄然「から」が目立つようになった。「から」ばかりが目立つ。多過ぎる。そう思って「ので」に入れ替えてみる。入れ替えてみると、気が落ち着く。「から」より「ので」の方が抵抗なく読める気がする。

学生の書き込みで、逆に「ので」を「から」に入れ替えている例は、一つも無い。「私の履歴書」全三十回を通して、「ので」を「から」に入れ替えた例は、ただの一度も出現したことがない。「から」を「ので」に入れ替えた例ばかりが、⑧以降も出現する。

表4-1「石坂公成『私の履歴書』における『から』『ので』出現回数」を御覧いただきたい。この出現回数は、学生と共に調べた。しかし、このような表として整えさせはしなかった。個人指導の時間内では無理であった。自宅

で表を作るように指示すればよかったと今は後悔している。

表によれば、「私の履歴書」全三十回の連載で、「ので」の出現回数は五十五回、「から」の出現回数は七十八回である（ただし会話文中の出現回数は除く）。また、学生が「から」と同様に気になっている接続詞「だから」は六回

表 4-1　石坂公成「私の履歴書」における「から」「ので」出現回数

	「ので」の出現回数	「から」の出現回数	「だから」の出現回数
①	1	4	
②	1	0	2
③	7	4	
④	1	4	
⑤	3	0	
⑥	0	0	
⑦	2	2	
⑧	2	6	
⑨	4	3	
⑩	5	4	
⑪	0	4	
⑫	1	2	
⑬	4	0	
⑭	2	2	
⑮	2	1	
⑯	0	3	
⑰	2	3	1
⑱	1	2	
⑲	0	1	1
⑳	0	2	
㉑	0	4	
㉒	3	1	
㉓	5	2	
㉔	0	6	1
㉕	0	1	
㉖	0	4	
㉗	2	4	1
㉘	2	1	
㉙	3	6	
㉚	2	2	
合計	55	78	6

出現している。「から」「だから」合わせて八十四回出現していることになる。「ので」と比べれば確かに多い。また表によれば、⑧における「から」の出現回数は、それまでの各回と比べて急に増えている。各回における出現回数としては、六回は最も多い。六回出現しているのは、⑧㉔㉙である。

つまり、学生は⑧で、「から」が六回出現する事態に初めて直面したのである。学生が⑧に来て俄然「から」が目立つようになったと感じたのは、確かに根拠がある。⑧は、この意味で特徴的である。

学生は、「から」の多用が石坂氏の文体の特徴だと見る。「石坂さんはよく『から』とか『だから』を使う。私はあまり使わない。」と何人もの学生が言う。学生は、なぜか「から」に抵抗を感じる。

学生の一人に説明を求めた。学生は言った。

「『から』だと絶対にだめっていうわけではないんです。『から』でも『ので』でも、どっちでも意味は同じだし、どっちでも使えますよね。でも、どっちも使えるんだったら『ので』にした方がいいと思うんです。よく覚えてないけど、学校に出す作文なんかで『から』を使ってると『ので』に直されたりして……。『から』は何かくだけた感じがして、『ので』の方が改まった感じがするでしょう。それで、改まった文章の時は『ので』にするようになったと思います。『から』って書くと、自分の考えを強く出し過ぎるみたいなところがありませんか。」

「そうすると、私の文章も『くだけ』ていて『自分の考えを強く出し過ぎ』ているのですかねえ。」

私がそう言うと、学生はあわてて「いえ、そんなつもりでは……」などと取り繕おうとする。それから学生は説明を加えた。

「そう言えば、小学校の時、『〜だ。』と言い切るのも、自分の考えを押しつけてるみたいでよくないと教わりました。」

「じゃあ、どう書けばいいのですか。」

「『〜と思います。』って書いた方が、一歩引いた感じがして、読む人にもいい感じを与えるとか。その先生が特別そういうことを気にする人だったのかもしれませんが。」

学生が実際どう教わったのかは確かめようがない。明らかなのは、「改まった」時には「から」を避けたがる学生が少なからず存在するということである。もちろん、「から」を使うことに抵抗を感じない学生もいる。しかし、「から」を避け、「ので」と書く文体の持ち主が少なからず存在することも、事実である。これらの学生には、「から」は柄が悪いと思われているようなのである。

「から」でも「ので」でも意味は同じだと学生は思っている。しかし、そうだろうか。

「から」は「理由・原因を示す」(『広辞苑第二版補訂版』)。これに対して「ので」は「次に自然の成り行きによる結果を示すのに用いる」(同右)。「『から』とは違い、前件と後件とを主観的に結びつける場合には使えない。」(『岩波国語辞典第二版』)

この「から」と「ので」の違いは、『日本語文型辞典』(くろしお出版)でも次のように説明する。

「から」――「話し手が主体的な立場でおこなう依頼・命令・推量・意志・主張などの理由を述べる時に使う。そのため『ので』と比べて主観性が強い。」(八八ページ)

「ので」――「前のことがらと後ろのことがらの因果関係が客観的に認められるものである場合に用いられる。

そのため、後ろにはすでに成立したことや成立が確実なことが来るのが普通で、話し手の判断を根拠にしたうえでの命令などの表現は用いられにくい。」（四七〇ページ）

学生が「から」を避け「ので」と書きたがるのは、理由、原因を自らの「主体的な立場」において挙げ、自らの「主体的な」判断を示すのを回避したいからではないか。「ので」ならば、「自然の成り行きによる結果を示す」だけである。自らの「主体的な」判断に関係なく、「自然の成り行き」だと言えば済む。

つまり、「から」は主張であり、「ので」は説明である。「改まった文章の時は『ので』にする」と学生が言うのは、自己主張は慎まねばならないという意識が働くからである。恐れながら申し上げるのに、自己主張は禁物なのである。「自然の成り行き」の説明ならば、自分を出さずに出来る。主張を避け説明するに留めるのは、礼儀作法の一つなのである。「から」は「くだけ」、「自分の考えを強く出し過ぎる」。つまり、「から」は行儀が悪い。柄が悪い。

石坂氏は、アレルギー学会における前川教授との論争について言う（⑪）。

> 当時の日本では、若い研究者がオーソリティーに反対することはなかったから私は〝生意気な奴〟だったに違いない。しかし、我々研究者はプロとして討論しているのであって、学問上の意見の相違をはっきりさせることは、相手がオーソリティーであっても失礼には当たらないはずである。〔略〕〔しかし〕五十年前の日本では、例え《ママ》学問上のことでも大先生に反対することは失礼だった。

それから十年後に私は日本を離れて米国に移ったわけだが、その遠因のひとつには、こうした日本の学界の風潮があったのではないかと思っている。

また、氏は言う㉚。

我々が研究者として成功した最も大きな理由は、我々が愚直だったことにある。私は英語で嘘《うそ》をつくことができないので、嘘をつくことを忘れてしまった。〔略〕幸いにして正直であることは科学者にとって最も大切な資質であったし、愚直は多民族社会である米国で自分の信念を通すために最も重要なことであった。

氏は「から」をよく使う。これは、自己主張を避け自分を隠す文体ではない。正直な文体である。自らの「主体的な」判断を正直に表すのを最善とする文体である。そして、その判断を支える根拠を示し、判断の是非を問う道を封じない。この正直に自己主張する文体に、学生は戸惑う。自分がこれまで馴染んできた文体の質を、異質な文体との比較において自覚するに到る。

第四節　【事例9】出来事の配列

――採取成功と風評との前後関係

石坂氏は⑰で書く。

我々は一九六六年二月に、初めて「レアギンがIgEに属する抗体である」ことを米国アレルギー学会のシンポジウムで発表した。大多数の人はレアギンがIgAだと思っていたから大騒ぎになった。何人かの免疫学者はすぐに追試を始めたが、レアギンに対する抗体をつくることは誰にもできなかったので、それから一年たったころには「ガンマE（IgE）は実在しない」という風評が出る始末であった。しかし、我々はこのたんぱく質に対する抗体を使って研究を進め、六七年はじめにはついにIgEを純粋に採ることができた。

学生の書き込みは、右の引用の中の二箇所についてなされた。次の二箇所である。

(1)「一年たったころには〔略〕風評が出る始末であった。」

(2)「六七年はじめにはついにIgEを純粋に採ることができた。」

この(1)(2)に対する学生の書き込みは、次のようであった。

「数が合わない。矛盾。66年に発表。67年に『IgEがない』。しかし67年に純粋に採れた。」

この「数が合わない。」とはどういうことか。学生に説明を求めた。学生は言った。

「だって、発表したのが一九六六年でしょう。それで風評が出たのは『それから一年たったころ』と書いてあるから、六七年でしょう。それなのに、IgEを純粋に採り出すのに成功したのも六七年になっている。同じ年に風評と採り出し成功の両方が起きるなんておかしい。採り出しに成功したら、風評なんて出るわけない。風評って、IgEが純粋に採れて、はい、これですってまだ言えない段階で出るんでしょう。」

それでは例えばどうであれば「数が合」って「矛盾」しないのか。学生は答えた。

「『66年に発表。67年にはIgEなんか実在しないっていう風評。68年に純粋に採れた。』これなら矛盾しない。『67年に純粋に採れた。』っていうからおかしい。」

この学生の説明には、二つ問題がある。

一、年単位で考えるから「矛盾」と見えるのではないか。月単位、あるいは日単位でとらえれば、風評の発生と採取成功とは同時ではないかもしれないではないか。

二、採取に成功した途端に風評が消え失せるというのは、事態を具体的に見ないから言い得るだけではないか。ほぼ同じ時期に、世間では風評が出る、その一方で「我々」(石坂氏夫妻)は採取に成功するという事態は考えられないのか。つまり、同じ時期にその両方が起きるのは、本当に「おかしい」のか。あり得ないのか。

この**一**、**二**を検討する。

一について

一九六六年から六八年までの二年間は、石坂氏の研究が大きな成果を上げる激動の二年間である。今問題にしている⑰から次の⑱にかけての話の展開はめまぐるしく、また錯綜している。その間に起きた出来事はほとんど月単位で記述されている。

記述された順に出来事を列挙する。

六六年二月…米国アレルギー学会にて初めて「レアギンがIgEに属する抗体である」と発表。

六七年はじめ…IgEを純粋に採り出すことに成功。

六七年結婚記念日…照子、カードに「トップに立って追われる身」になったことなどを記述。

六七年十一月…国際アレルギー学会にてIgEについての研究成果をまとめて発表。「IgEは国際的に認められたのであり、我々はこの分野で世界のトップに立った。」

六七年一月…スウェーデンの研究者ヨハンソンから手紙。彼らが発見した骨髄腫たんぱく質とIgEとの同一性の指摘。サンプル交換の上、確認作業実施。石坂氏、論文の共同執筆提案。しかし、これに対してヨハンソンからの応答は無し。

六？年？月…（右のヨハンソンからの応答が無かった間の出来事であるので、六七年一月よりも後のことである。）スウェーデン側、WHOに「IgB」という名前で認定申請。石坂氏に対する連絡は無し。

六八年二月…WHO、石坂氏とヨハンソン双方を呼び、新しいたんぱく質命名のための会議開催。IgE認定。IgE発見の先行が認められる。


これらの出来事の展開をとらえるのに、年単位で考えていては、その前後関係すら分からないであろう。学生の時間意識では、出来事の展開の速度にはついていけない。つまり、学生は当事者である石坂氏の時間意識が分かっていないのである。

六六年、六七年、六八年などと、年単位で出来事の展開をとらえようとするのをやめよう。そうすれば、同じ六七年であっても、風評の発生と採取成功とが、月単位か日単位でずれている可能性を想定することが出来る。そうすれば、「矛盾」ではなくなる。

学生はこの後、年単位でとらえるのをやめ、改めて出来事の配列を見直す。今度は月単位で調べ始める。その結果、次のような発言をする。

「発表が六六年二月だから、『それから一年たったころ』というのは六七年二月頃ということになる。風評は六七年二月頃に出たということになる。それで、IgEを純粋に採り出したのは『六七年はじめ』。何月とは書いてないけど、『はじめ』だから、一月、二月、三月位かなあ。あれ、先生、月単位で考えたって、やっぱり同じ頃じゃん。同じ頃に、IgEが採れたのにIgEが実在しないという風評も出てる。やっぱり矛盾してる。」

二について

「やっぱり矛盾してる。」という学生の言に対して、私は答えた。

「そうですね。六七年のはじめにその二つが重なっているのですね。でも、だから矛盾だと言うのは、まだ早い。」

風評は、いつ出たか、いつ消えたかを明確には特定できない。気が付くと風評が出ているのであり、また、気が付くと消えているのである。

IgEの採取成功は、それがいつかを特定することが出来る。つまり、何月何日に成功したかを示すことが出来る。これに対して、風評はそのように特定することが出来ない。風評は状況である。これに対して、採取成功は出来事である。だから、風評については「一年たったころ」というあいまいな言い方になるのである。

また、この風評という状況は、学生が考えるように採取に成功すれば決して生じないのだろうか。あるいは、採取に成功した途端に消え失せるものなのだろうか。

石坂氏がIgEを純粋に採取するのに成功したのは、六七年はじめであった。しかし、それを公表し、学界がそれを認知するまでは、熾烈な競争が続くのである。例えば先に示したように、スウェーデンの研究者が石坂氏を出し抜いて「IgB」という名前をＷＨＯに認定させようとした。特許競争が絡んでいたという。採取に成功しても、それを学界が認知する環境・条件が整うまでは、風評は続くであろう。その間、学界ではさまざまな思惑が交錯する。六七年はじめ、風評と採取成功の事実が共存していたと考えても、少しもおかしくはない。「矛盾」しない。

六八年二月、ＷＨＯはスウェーデン側が申請した「IgB」を退け、石坂氏の「IgE」を正式に認定した。この認定の根拠になったのは、何よりも、石坂氏が六六年二月に米国アレルギー学会で公表したという事実であった。この事実が、スウェーデン側より石坂氏の発見の方が先であると判断する決定的な根拠となった。

石坂氏は書く⑱。


その年〔六七年〕の十一月にカナダのモントリオールで開かれた国際アレルギー学会のシンポジウムでIgEについての研究成果をまとめて報告したところ、これを高く評価する拍手が鳴りやまなかった。〔略〕IgEは国際的に認められたのであり、我々はこの分野で世界のトップに立った。

六六年二月の米国アレルギー学会で公表してから右の国際アレルギー学会での報告まで、一年九ヵ月を要した。WHOによるIgEの認定までには、さらにそれから三ヵ月を要した。つまり、実験室での発見・採取成功が学界に認知されるまで、二年以上の歳月を要しているのである。その過程は学生の想像を越えている。その過程を理解するには、少なくとも次の二つの特徴を知らなければならない。

(1) 科学的発見の先陣争いの判定は、発見の時点ではなく、公表の時点に基づいて行われる。

(2) 科学的発見の公表も認定も、その分野の権威ある機関、学会において行われる。実験室で発見がなされても、その手続きを踏まなければ認知されない。発見と学界における認知との間には、時間差が生じる。

この二点が分からないと、採取に成功すれば、即座に学界がこれを認知し、風評が出る余地は無いと思い込む。だから同じ時期に採取成功と風評とが両立することはあり得ないと主張するに到る。学生はこの二点が分からなかったのである。

以上の「**一について**」と「**二について**」の検討の後、学生は自分がどうして「矛盾」だと思ったかを説明した。次の通りである。

「でも私、石坂さんのここの文章〔六六年の米国アレルギー学会での発表から、六七年のIgE採取成功までの一節〕を写した時、六六年、六七年っていう具合に順番に起こったことを書いてると思ったんです。その順でいくと、IgE

が純粋に採れた話は風評の話より後に書いてるのに同じ六七年だというのは変でしょう。六七年の次の年なら分かる。そう思って『矛盾』だと書いたんです。」

「六六年、六七年っていう具合に順番に起こったことを書いてる」——これは編年体である。学生は、問題の一節のみならず、⑰⑱のIgE発見の経緯が全て編年体で書かれているという前提に立っていたのである。

この前提は正しいか。⑰⑱は全て編年体で書かれているのか。次はこの問題についての学生と私との問答である。

私：それなら、⑱に書いてある照子さんの結婚記念日のカードはいつ書かれたと思いましたか。

学生：「一九六七年の結婚記念日」って書いてあります。

私：それは分かる。問題は、それが何月のことなのかです。つまり、次に書いてある「その年の十一月」にあったという国際アレルギー学会より前なのか、後なのか。

学生：前でしょう。

私：なぜ？

学生：だって、その報告の話の前に書いてあるもの。

私：編年体で書いていればね。でも、学会よりカードの話の方が時間的に前のことだったら、照子さん、「トップに立って追われる身としては」などと書けますか。

学生：……

私：「トップに立つ」という表現、他にも出ているでしょ。

学生：「我々はこの分野で世界のトップに立った。」と書いてます。カードの話より後にある学会の話に出てきます。

私：そうです。石坂さんが学会で報告して勝利宣言しているのです。もし、カードがこの学会よりも前に書かれたのなら、照子さんはそこで「トップに立って」と書けますか、まだ学会で報告していないのに。

学生：先生、石坂さんたちの結婚記念日っていつですか。

私：さあ。他人（ひと）の結婚記念日までは覚えていません。

学生は調べ始める。そして、⑧で二人の結婚が「昭和二十四年十二月」であったことを突き止める。

学生：十二月なら、十一月の学会のすぐ後だ。学会で「トップに立った」と二人で感激して熱くなってたから、照子さんがカードに同じことを書いたんだ。じゃあ、ここって順序が逆になってるんですね。起きた順じゃないんだ。

「起きた順」に書かれていないのは、ここだけではない。⑰から⑱にかけて、IgEの発見から国際的評価を受けるまでの叙述は、「起きた順」ではない。つまり継時的ではない。前後がいろいろ入れ替わり、錯綜している。それは、スウェーデンの研究者たちとの特許競争の話についても同様である。石坂氏は、継時的にではなく、話題（トピック）ごとにそのいきさつを過去に立ち戻りつつ書いているのである。氏はいきさつを説明し、物語る。その時、時間系列は崩れる。行きつ戻りつする。氏は年表ではなく、物語を書いているのである。

次のような主旨の説明を学生に対して行った。

学生が「矛盾」だと思ったくだりも、右と同様である。継時的に書かれてはいない。

このくだりは、石坂氏の話（研究の進展の物語）と石坂氏の外側の話（氏の発表によって引き起こされた学界の騒ぎの物語）とが重ね合わされている。つまり、このくだりでは、二重の構造でそれぞれの出来事が叙述され、氏の研究の進展と学界の騒ぎとが対照的に描かれている。二つの物語が同時進行で描かれるから、時期的に重なった出来事がそれぞれの物語に登場する。しかし、二つの物語を対照的に描くのが目的だから、それぞれの物語の世界を越えて、それらの出来事相互の時間的関係や影響関係の説明は加えない。

このような叙述形式は、編年体ではない。編年体でなければ、それは何か。

歴史の叙述形式には、編年体に対して紀伝体がある。「紀伝体」とは、「個人の伝記を重ねて一代の歴史を構成するもの。」（『日本国語大辞典　第二版　第四巻』小学館　二〇〇一年）である。

この両者の「折衷」（『広辞苑』）に、紀事本末体がある。「紀事本末体」とは、「人物の伝記、または年代の順序によらないで、一事件ごとにその首尾、本末をまとめ記すもの。」（『日本国語大辞典』）である。

氏のIgEの発見から国際的評価を受けるまでの⑰⑱の叙述は、紀事本末体に似ている。話題（トピック）ごとにそのいきさつを物語るのは、紀事本末体の特徴である。

学生はここに到って、自分が編年体を前提にしていたことを自覚する。そして、これを前提にしていると、⑰⑱の話の展開を読み誤り、混乱が生じるのだと悟る。前提が違うのである。

学生は編年体を前提にして視写を進めてきた。〈からだ〉に編年体の叙述形式を学習させてきた。ところが、問題のくだりに来た時、強い違和感を感じた。それが、「矛盾」だという主張の元となった。

学生は次のように言う。

「編年体だと思って読むと、ここは変な話になってしまうのですね。どういう時に編年体をやめて紀事本末体に変えるのか。そこが面白い問題だと思います。多分、IgEの発見は石坂さんにとって人生最大の出来事だから、いろいろな角度でいっぱい書きたかったのだと思います。それには編年体では書ききれなかったのではないですか。」

真の問題は、氏の記述が「矛盾」しているか否かではない。「矛盾」と見る時の前提が適切か否か、である。学生は対話によってそれを見出した。

学生は新たに次のような問題を立てた。

(1) 石坂氏はどのような叙述形式を選んだか。
(2) その叙述形式を選んだのはなぜか。
(3) その叙述形式によって語られる話題、出来事の配列はどうなっているのか。
(4) なぜそのような配列にしたのか。(例えば「照子」のカードの話を国際学会の話よりも先に出したのはなぜか。)

学生はこれらの問題を考えることにより、石坂氏の書く意識をとらえる必要を学習した。

本章で取り上げた四つの事例は、それぞれ、学生が〈筆触〉することによりどのような問題意識をもつに到ったかを示している。〈筆触〉しなければ、学生は事例のような問題意識をもつことは出来なかったであろう。**【事例6】**では、「さしつ、さされつ」の平仮名表記を問題にしている。**【事例7】**では、「六人」という記述と実際に列挙された人数との食い違いを問題にしている。**【事例8】**では、接続助詞「から」を問題にしている。そして、最後の**【事例9】**では、出来事の配列を問題にしている。学生は、石坂氏が書いた文章において、字一つ、あるいは助詞一つのような小さい単位を意識している。石坂氏が書いた文章から離れた、抽象的な問題は一つも無い。学生の問題を見出す目線は、低い。石坂氏の文章から決して離れない。これが、〈筆触〉してもつ問題意識の特徴である。

個人指導における教師（私）と学生との問答は、なかなか活発であった。学生はよく話をした。それぞれの問題はどれも自分自身が発見したものだ、という意識があった。また、どの問題も、石坂氏の文章から決して離れず具体的であった。それゆえに、学生は活発に考え、よく話すことが出来た。質問されるのを避け、目を反らすことはなかった。また、質問されても「分かりません。」と言って口をつぐむ者はいなかった。

学生は、「さす」と「刺す」とはどう違うかを考えた。「六人」と書くべきなのか、「七人」と書くべきなのかを考えた。「から」と「ので」とは同じなのか、それとも相異なるのかを考えた。〈筆触〉することにより、語の異同に対する意識が刺激された。

大学でこの意識を育てることが出来ているだろうか。教師自身の意識が稀薄であれば、育てることは出来ない。学生の意識もまた稀薄になる。次の第五章では、大学において、語の異同の意識がいかに稀薄であるかを書く。大学でこそ、視写の教育がまさに必要なのだ。それを必要とする現状を具体的に示すのが、第五章である。

第五章　異同の意識

第一節　福島大学大学院入試問題の文章を批判する

次ページに、平成二十一年度福島大学大学院人間発達研究科の「国語科教育学」入試問題の一部を示す（**資料5－1**）。

私は以前、「読み書きにおける『論理的思考』――『教室語』が考える力を奪う――」という文章を書いた（教育と医学の会編『教育と医学』第56巻第9号、二〇〇八年、慶應義塾大学出版会刊）。福島大学大学院入試問題「問題Ⅱ」の「問1」「問2」「問3」は、この私自身が書いた文章についての設問である。その文章について一番よく分かっているのは、書いた本人のはずである。だから、私は設問にもたやすく答えられると思われるかもしれない。しかし、これらの設問に答えようとすると、設問の文章にひどく苦労させられる。この日本語を理解するのは容易ではない。

受験生はこの設問の文章が理解できたのだろうか。理解できないと思うのが自然である。また、理解できないと思うべきである。理解できないのは、受験生に読む力がないからではない。つまり、受験生のせいではない。

問題Ⅱ　（国語科教育学）

次の文章を読み、後の問いに答えなさい。

小学校一年生用の教材資料である。

きゅうしょくとうばん

きゅうしょくのじかんです。

ぼくはきゅうしょくとうばんなので、おかずをくばっていました。「あとやすおくんのをくばればおわりだとおもって、いそいでおかずをはこんでいきました。

そのときどうしたわけか、てがすべって、おかずをぜんぶおとしてしまいました。

「あっ。」

まわりにみんながあつまってきました。

ぼくはこまってしまいました。「みんなでかたづけよう。」とさとしくんがいいました。「ぼくのおかずははんぶんわけてあげるよ。」とまもるくんがいいました。「みんなありがとう。」とぼくはこころのなかでいいました。

この資料を読んで、ある子どもが「変だな」と思った。後日、母親にその話をした。

子ども1　なんで「こころのなかで」なの？　「こころのなかで」思っているだけでいいの？みんなが助けてあげると言ってるんでしょ。だったら口に出して「ありがとう」と言わなきゃいけないよ。「ぼく」は全然しっかりしてないね。

母親1　なるほど、なるほど。で、先生はどうおっしゃったの？

子ども2「いいお話」なんだって。みんな思いやりがあるし、「ぼく」もちゃんと感謝してえらいわねって。でも、先生はいつも「声に出してお礼を言いなさい」と注意してるんだよ。

母親2　本の後ろを見たら、この話は「友情」の話ということになっているのね。

子ども3　それなら、こんなことをしていると友情がこわれますよっていう話なんだ。だって、「さとしくん」も「まもるくん］も親切に言ってくれてるのに、「ありがとう」もないんだよ。これじゃ二人とも怒っちゃうよ。

母親3　その考え、授業で言ってみたの？

子ども4　言わなかった。言っても先生、あわてるだけだもの。先生が「いいお話」と言ったら、そう決まっちゃうの。

池田　久美子著「読み書きにおける『論理的思考』―『教室語』が考える力を奪う―」
（「教育と医学」第56巻9号　No663　2008年）

問1、上の子どもが、上の教材に関して「変だな」と思った理由を踏まえながら、教材自体が持つ内容上の問題点について論述しなさい。

問2、「子ども2」と「子ども4」の発言を通して上の教師は教材をどう読み取り、また子どもとどのような教室での言葉のやりとりを行っていると予想されるか、教師と子どもとの教室でコミュニケーション関係を踏まえて論述しなさい。

問3、上の子どもの教材の読み取り方をあなた自身の視点から授業の中で有効に取り入れるとすれば、どのような授業のあり方が考えられるか、論述しなさい。

資料5-1　平成21年度福島大学大学院人間発達研究科
「国語科教育学」入試問題（抄）

福島大学ホームページに掲載（2011年4月28日現在）。
http://nyushi.adb.fukusima-u.ac.jp/pdf/kako_mon_

設問の文章のせいである。設問の文章が問題だらけの悪文だからである。設問の文章にはどのような問題があるのか。設問の文章はどのように悪文であるのか。以下でそれを明らかにする。

問1、上の子どもが、上の教材に関して「変だな」と思った理由を踏まえながら、教材自体が持つ内容上の問題点について論述しなさい。

「上の教材に関して」

なぜ「関して」なのか。同じ「問1」の後半では、「問題点について論述しなさい。」（傍点引用者）と書いている。これと同じく「上の教材について」と書かないのはなぜなのか。「ついて」と「関して」とを使い分ける必要があるのか。

「ついて」は、対象に直接接触して離れないという意味をもつ。これが、「つく」の原義である。これに対して、「関して」は対象と何らかのつながりをもつという意味である。「人や事物とその周辺部分も含めてかかわる」（『類語大辞典』講談社、二〇〇三年、一三四九ページ）のが、「関して」なのである。

つまり、「ついて」の意識はその対象に留まる。これに対して、「関して」の意識は、「その周辺部分」にまで拡散する。対象だけではなく、対象と直接間接に何らかのつながりをもつものにまで及ぶ。その意識の範囲は、「ついて」がその直接の対象に明瞭に絞られるのに対して、「関して」はあいまいでぼやけている。「ついて」のように絞られてはいない。

子どもの意識はどうであったか。入試問題枠囲みの事例部分にはこう書いてある。

「この資料を読んで、ある子どもが『変だな』と思った。〔略〕なんで『こころのなかで』なの？」

子どもの「変だな」という時の意識は「資料」＝「教材」に留まり、「その周辺部分」には拡散していない。それどころか逆に「教材」の中にある「こころのなかで」という文言に絞られ、そこに集中する。

この意識を表すには、「ついて」を用いるべきである。「関して」では遠い。「関して」では、子どもが「教材」のみならずその「周辺部分」にまであれこれ意識を拡散させているという話になってしまう。子どもはそんなぼやけた意識でいるのではない。

出題者は、「関して」と「ついて」とのこの違いを自覚して使い分けているのか。


『変だな』と思った理由を踏まえながら〔略〕論述しなさい。」


なぜ、「ながら」なのか。「問2」では「踏まえて論述しなさい。」と書いてある。「踏まえながら」ではない。

「踏まえながら論述しなさい。」

「踏まえて論述しなさい。」

この二つの論述のしかたは同じなのか、違うのか。「踏まえながら」と「踏まえて」とを書き分けているのだから違うのだろう。どう違うのか。受験生は「問1」と「問2」とで、論述のしかたをどう変えなければいけないのだろうか。

「踏まえながら」と「踏まえて」とでは、アスペクト（相）が異なる。「踏まえながら」は進行相であり、「踏まえて」は単純相である。「踏まえながら」は、「踏まえ」る行為が論述する行為に伴い、同時進行することを表す。これに対して「踏まえて」は、論述するための手段、条件である。接続助詞「て」は手段、条件を表す。

つまり、「踏まえながら論述しなさい。」は、解答（論述）するに当たって二つの行為を同時進行させよと指示しているのである。一つは「踏まえ」るという行為であり、もう一つは「論述」するという行為である。出題者は受験生にこの二つを同時進行させよと言う。同時進行なのだから、これは、進行する論述の過程（process）についての指示である。

これに対して「踏まえて論述しなさい。」の方はどうか。

これは、「踏まえ」るという手段を用いた「論述」行為をせよという指示である。あるいは、「踏まえ」るという条件を満たすような「論述」をせよという指示である。「踏まえ」るのは、「論述」の必須の条件である。「……を踏まえ」ない「論述」は、認められない。

これは、論述の過程についての指示ではない。論述の所産（product）についての指示である。出題者は、論述の所産の質を指示しているのである。「踏まえ」るという条件を満たすように論述の質を確保せよと言うのである。論述の過程、つまり途中経過がどうであれ、その結果生み出された論述（所産）がその条件を満たしていなければならないのである。

論述の過程（process）と論述の所産（product）とは、区別するべきである。出題者はこの区別を自覚して「問1」「問2」を書き分けたのだろうか。その自覚があったのだろうか。

受験生は釈然としないはずである。論述の所産は、答案を見れば分かる。それは答案に客観的に表れる。だから、

「踏まえ」るという条件を満たした論述になっているかどうかは、答案において判断すればよい。しかし、論述の過程が指示通りであったかどうかは、どうやって判断するのだろう。途中経過は答案を見れば推測できるかもしれないが、答案が成った時点で、それは終わるのである。つまり、論述の過程は過ぎ去るのである。

論述の過程を論述の所産において推測するしかないのなら、最初から論述の所産について端的に指示すればよいではないか。しかし、「踏まえながら論述」する場合と、「踏まえて論述」する場合とでは、論述の所産においてどのような違いが生じるのだろう。意味ある違いが実質的に生じるのだろうか。

受験生は、右の疑問を抱えたまま覚束無い「論述」を進めざるを得ない。「踏まえながら」と「踏まえて」というアスペクトの揺れが、受験生を動揺させる。

「踏まえる」とは何か。「上の子どもが……と思った理由を踏まえ」(点線引用者)るとは、どうすることなのか。

「踏まえる」とは、「踏みつけて押さえる」(『岩波国語辞典第七版』)ことである。何やら荒っぽい、力ずくの所業である。そして「踏みつける」とは「人の面目など少しも考えないで勝手なまねをする」(同辞典)ことである。全くひどい話ではないか。子どもが思った理由を蹂躙せよ、子どもに痛い思いをさせよとでもいうのか。

まさか、と出題者は嗤うであろう。そして次のように反論するにちがいない。

「踏まえる」とは、「転じて、ある考え・事実の上に立つ。拠《よ》り所・前提とする」(同辞典)ことである。つまり、子どもが思った理由「の上に立」って、それを「拠《よ》り所・前提」とし「ながら」論述せよということなのだ。子どもが思った理由を無視しないで、しっかり着目して、という意味なのだ。子どもが思った理由を蹂躙するのではなく、逆に尊重しようというのである。

しかし、そうだとしても問題は残る。子どもが思った理由を「拠《よ》り所・前提」にすることと、それにしっかり着目することとは違う。出題者はそれを区別していない。その区別をしないで「踏まえる」という語を使う。「踏まえる」は、単に「着目する」こととは違う。「着目する」には、気を付けて見ればよい。しかし、「踏まえる」はそれでは済まない。「拠《よ》り所・前提」という位置づけが要る。もし気を付けてよく見なさいという程度なら、「理由に着目し」と書けばよいのである。

それとも、出題者はあくまでも「拠《よ》り所・前提」とせよと言うのだろうか。そうだとしたら、受験生はまた動揺する。不思議に思う。論述するのは子どもではない。受験生である。受験生が論述するのに、子ども＝他人（ひと）が思った理由を論述の「拠《よ》り所・前提」にせよと言うのか。なぜ他人（ひと）が思った理由をその当否を検討することなく、自分の論述の「前提」に据えねばならないのか。受験生は、新たにこのような問題に直面する。

受験生は思う。これでは子どもの尻馬に乗って論述することになるではないか。つまり、自他の区別のつかない意識で論述することになるではないか。

「踏まえる」「しっかり意識する」「着目する」「考慮する」「念頭に置く」「前提として受け入れる」……様々な表現がある。その異同を自覚するべきである。「踏まえる」は「前提として受け入れる」に近い。その自覚が必要である。

「教材自体が持つ内容上の問題点について論述しなさい。」

受験生はこの「問1」で一体何を「論述」すればよいのだろう。右の指示で受験生にそれが理解できるだろうか。

次の「問2」は「上の教師は教材をどう読み取り、〔略〕どのような〔略〕やり取りを行っていると予想されるか〔略〕論述しなさい。」である。また「問3」は「どのような授業のあり方が考えられるか、論述しなさい。」である。いずれも「……か、論述しなさい。」という形式で指示されている。つまり、そこには「……か」という問いが在る。受験生はともかくこの問いに答えればよい。「論述」するのは、この問いに対する答である。受験生はそう理解することが出来る。

ところが「問1」にはこのような問いが無い。「……か」という問いが見当らない。「問1」とは確かに書いてある。しかし、その内容は問いではない。問いが無ければ答は「論述」できない。問いに対する答でなければ、ほかに一体何を「論述」するのだろう。受験生は困る。

出題者は、「教材自体が持つ内容上の問題点について」と書いてあるではないかと言うであろう。それを「論述」すればいいのだと言うであろう。しかし、「教材自体が持つ内容上の問題点について」は、「論述」の大まかな範囲を決めるだけである。

例えば、どんな問題点があるかを指摘すればよいのか。その問題点に教師がどう対処するべきかを書くのか。それとも、「教材」の文章をどう書き換えるべきかという代案を示すのか。受験生は困る。設問の文章をどう読んでも出題者の要求が具体的に見えない。何を書いてもいいのだなと、受験生は考える。書く具体的内容を勝手に（自由に）決めよという意味なのだ。しかし、そう思って書いた内容が、出題者の意図とは違うと勝手に判断されそうで、怖い。

「教材自体が持つ内容上の問題点について」と書いてあるのを読んで、何を書くかが具体的に分かるような暗黙の了解事項があるのだろうか。大学院という所は、そんな暗黙の了解事項の共有を要求するのだろうか。そんな暗黙の了解事項を共有して読み書きするようにならないと、入れてもらえないのだろうか。受験生は心配になる。

「教材自体が持つ内容上の問題点」

「教材自体」が「問題点」を「持つ」のだろうか。そうではない。人が解釈するから、教材の或る箇所が問題だと見えてくるのである。

例えば子どもは教材の文言「こころのなかで」が問題だと思った。「こころのなかで」が問題だと見えるのは、子どもがそのように解釈したからである。これに対して、先生はそこが問題だとは思わなかった。だから先生は、「えらいわね」とほめた。

つまり、人の解釈行為を離れて「教材自体」が「問題点」を「持つ」のではない。人の解釈行為によらず、それ以前に予め「問題点」が「教材自体」に備わっているのではない。「問題点」は実体として存在するのではない。「教材自体が持つ」「問題点」というのは、「問題点」を実体として扱う用語法である。この用語法では、人の解釈行為は論じられない。人の解釈行為を排除することになる。

また、「内容上の問題点」とは何か。わざわざ「内容上の」と断わらねばならないのはなぜか。単に「問題点」と書いただけではいけないのか。

「内容」に対しては、「形式」という語を対置するのが一般的である。「内容上の問題点」と断っている事態は、「形式上の問題点」については論述するなという意味をもつ。しかし、「内容上の問題点」と「形式上の問題点」とをどう区別するのか。具体的な問題においてそれをどう区別するのか。その説明は無い。その説明も無しに、受験生はいきなり区別を要求されているのである。

例えば子どもが指摘した「こころのなかで」の問題は「内容上の問題点」なのか。それとも「形式上の問題点」なのか。どちらなのか。

話の内容が単に「こころのなかで」感謝するだけに終わっているという意味では、これは「内容上の問題点」なのかもしれない。しかし、一人称「ぼく」の視点で書くと、どうしても「ぼく」の言動よりも「こころのなか」の記述に傾く。つまり、「ぼく」が何と言いどう行動したかよりも、「ぼく」がどう思ったかの方が書きやすくなる。この意味では、「こころのなかで」の問題は、一人称視点という形式が招いた問題なのかもしれない。つまり、「形式上の問題」なのかもしれない。

出題者はこの具体的な問題において、「内容上」と「形式上」のいずれに分類するかを示すべきである。そして、それはなぜかを説明するべきである。「内容上」と言い出したのは出題者である。だから、出題者にはその説明責任がある。受験生にはその責任はない。受験生はその区別を要求される意味も必要性も理解できないでいるのである。

さらに、「教材自体が持つ内容上の問題点」とは、具体的には何を指すのだろうか。子どもが指摘した「『こころのなかで』思っているだけでいいの？」を指すのだろうか。そうだとしたら、そう書くべきである。「『こころのなかで』思っているだけでいいの？」という問題に対するあなたの意見を述べなさい。と書くのである。「教材自体が持つ内容上の問題点」などと抽象的に言うべきではない。また、隠す必要もない。引用して具体的に示すべきである。

それとも、この「問題点」とは右の子どもが指摘したものに限らず、それ以外にいろいろ自由に指摘せよという意味なのか。それならそう書くべきである。子どもが指摘した問題のほかに、教材にどんな問題があるかを指摘しなさい。と書くのである。「論述しなさい。」ではなく、「指摘しなさい。」と書くべきである。そうすれば、受験生に要求する仕事を明瞭に示すことが出来る。

以上で指摘したように、「問1」の文章は何重にも意味不明の悪文である。受験生は出題者の問題意識が分からない。出題者の要求をつかみかねる。だから受験生は考える。出題者自身が、自分が何を問いたいのかがよく分からないのだろう。つまり、出題者自身の問題意識が漠然としているのだろう。漠然とした「問」なら、何か適当に書いて答案用紙を埋めておけばよい。出題者自身が何を問いたいかを明瞭に意識していないらしいから、何か書いておけば点数はくれるだろう。受験生の側に何を書くべきかの明瞭な意識を求められるはずはない。そう判断するしかない。

問2、「子ども2」と「子ども4」の発言を通して上の教師は教材をどう読み取り、また子どもとどのような教室での言葉のやり取りを行っていると予想されるか、教師と子どもとの教室でコミュニケーション関係を踏まえて論述しなさい。

「子どもとどのような教室での言葉のやりとりを行っていると予想されるか」

「どのような教室」かがなぜ問われなければならないのか。騒がしい教室、子どもが皆押し黙って静まり返った教室、残暑で蒸し風呂のような教室、給食の調理室からよい匂いが漂ってくる教室……このような教室の様子が分からないと何か困ることがあるのだろうか。

「どのような」は「教室」ではなく「言葉のやりとり」を修飾するのだと出題者は言うであろう。しかし、そう読ませたいのなら、「どのような」は「言葉のやりとり」の直前になければならない。「子どもと教室でのどのような言葉のやりとりを行っていると予想されるか」と書くのである。修飾語は被修飾語に近接しなければならない。「どのような教室での言葉のやりとりを」では遠すぎる。「教室での」を飛び越えて、その先にある「言葉のやりとり」にかけて読めというのは、「近接」の原則に反する。「どのような教室」と読まれて当然である。「どのような」の位置が悪いのである。

なぜ、「教室での言葉のやりとり」に限定するのか。廊下や校庭での言葉のやりとりは問わなくてよいのか。体育館やプール、あるいは遠足に行った寺の境内での言葉のやりとりはどうするのか。

「子ども2」に、「先生はいつも『声に出してお礼を言いなさい』と注意してるんだよ。」という指摘がある。この注意は、教室に限らずいろいろな場面で行われているのではないだろうか。例えば、掲示係の子どもが廊下の掲示板にポスターを張ろうとするが、背が低くて上まで手が届かない。通りかかった上級生がそれを助ける。助けられた子どもはもじもじして黙っている。それを見た先生が注意する。「声に出してお礼を言いなさい。」

このような注意（指導）は、学校生活のいろいろな場面で一貫して行われているであろう。だから、子どもは「先生はいつも（略）注意してるんだよ。」と言うのである。そして、だからこそ、教室（授業）場面での先生の「ちゃんと感謝してえらいわね」が気になるのである。子どもが問うているのは教室だけではなく、学校生活のいろいろな場面における先生の指導の一貫性である。「教室」だけでは狭いのである。

「予想」とは何か。「予」とは「あらかじめ」「前もって」という意味であることを、出題者は分かっているのだろうか。「子ども2」「子ども4」の発言も、教師が「きゅうしょくとうばん」の教材を「読み取」るのも、その教材を用いた授業も、子どもとの「言葉のやりとり」も、全て過去の話である。過去の話をどうやって「予想」するのか。競馬の観戦者は、これから始まるレースの勝ち馬を「予想」して、馬券を買う。昨日のレースの勝ち馬の「予想」を今日することは出来ない。出題者は昨日のレースの勝ち馬を「予想」してその馬券を買いに行くのか。そんな馬券はもう売っていない。

また出題者は、坂本龍馬が誰に暗殺されたかを「予想」するのだろうか。龍馬の暗殺については、新撰組説、見廻組説など諸説がある。どれが真実かは「予想」するのではなく、「想像」「想定」するものである。すでに起きてしまった事件の首謀者、襲撃者の見当をあらかじめつけるのは、原理的に不可能である。

「教師と子どもとの教室でコミュニケーション関係を踏まえて論述しなさい。」

この論述のためには、受験生は「教師と子どもとの教室」に場所を移さねばならないらしい。「教室で（略）論述しなさい。」と書いてあるのだから、その書いてある指示には従わねばならないだろう。しかし、そんなことをしてよいのだろうか。試験の最中に試験会場を抜け出して、「教師と子どもとの教室」に解答用紙を持ち込んで書くのか。まさか、である。

「教師と子どもとの教室での、コミュニケーション関係」と書くべきであった。たかが「の」ひとつである。しかし、この「の」が有るのと無いのとでは、意味は大きく異なる。「教室で」では、論述する場所を「教室」と指定する話になる。「教室での」と「の」を加えて初めて、「コミュニケーション」が行われる場所が「教室」だという話に変わる。これなら受験生はびっくりしなくて済む。

問3、上の子どもの教材の読み取り方をあなた自身の視点から授業の中で有効に取り入れるとすれば、どのような授業のあり方が考えられるか、論述しなさい。

「授業の中で有効に取り入れる」

落ち着きの悪い日本語である。「取り入れる」という他動詞は、「〜を〜に取り入れる」という構文を要求する。この「〜に」が無い。「授業の中に（略）取り入れる」と書くべきである。「授業の中で」と書くから落ち着きが悪くなるのである。

もし「授業の中で」と書くのなら、「取り入れる」はやめよう。「授業の中で取り上げる」「授業の中で有効に使う」などと書く。これなら落ち着く。

また、「有効に」は、「生かす」「活用する」「利用する」「使う」などと結合する（『てにをは辞典』三省堂、二〇一〇年）。「取り入れる」とは結合しにくい。「取り入れ」てから、その「取り入れ」たものを「有効に」使う。あるいは、「有効に」活用するために「取り入れる」。これが正確な言い方である。「有効に取り入れる」は、この省略語法である。だから、「授業の中で有効に取り入れる」はよけいに落ち着きが悪いのである。

「授業に取り入れる」「授業の中で取り上げる」「授業の中で有効に使う」……これらの構文・語法が混同され、癒着を起こしている。出題者はこれらの構文・語法を区別して使い分けることが出来ない。構文・語法の意識が弱いのである。

「論述しなさい。」

「問1」も「問2」も「問3」も、その全てが同じ「論述しなさい。」という指示を行っている。出題者はどの「問」でも「論述しなさい。」と指示する。しかし、「問1」「問2」「問3」で受験生がする仕事は、それぞれ違う。どう違うか。

「問1」では「問題点について論述しなさい。」と書いていた。この代案を先に示した（一三〇―一三一ページ）。次の①②である。

①　「『こころのなかで』思っているだけでいいの？」という問題に対するあなたの意見を述べなさい。

②　子どもが指摘した問題のほかに、教材にどんな問題があるかを指摘しなさい。

「問1」で問うているのが右の①②の意味だとしたら、「問1」の「論述しなさい。」は、「意見を述べなさい。」「指摘しなさい。」と言い換えることが出来る。

「問2」では、「どう読み取り、〔略〕どのような〔略〕やりとりを行っていると予想されるか、〔略〕論述しなさい。」と書いていた。この「予想」は「想定」と言い換えるべきである。その理由はすでに述べた（一三三ページ）。

この「問2」では二つの「予想」、つまり想定をせよというのである。「どう読み取」っているか、「どのような〔略〕やり取りを行っている」か、の二つである。だから、「問2」の「論述しなさい。」は、「想定しなさい。」と言えば済む。「どう読み取っているか、またどのようなやりとりを行っているかを想定しなさい。」――こう書くべきである。

「問3」では「どのような授業のあり方が考えられるか、論述しなさい。」と書いていた。これは、「どのような授業をしたらよいか提案しなさい。」あるいは「どのような授業が望ましいか、その構想を示しなさい。」という意味である。だから、「問3」の「論述しなさい。」は、「提案しなさい。」「構想を示しなさい。」と言い換えることが出来る。

「意見を述べなさい。」「指摘しなさい。」「想定しなさい。」「提案しなさい。」「構想を示しなさい。」……出題者が受験生に課す仕事はこのように多様である。これだけ多様であるのに、出題者はそれを「論述しなさい。」の一語で済ませる。区別して明確に示さない。何でも「論述しなさい。」と書く。受験生に課す仕事を絞ることが出来ない。

「論述する」とは何か。「論じ述べること」である。つまり「順序立てて考えを表現すること」である（いずれも『広辞苑第六版』）。「意見を述べる」「指摘する」「想定する」「提案する」「構想を示す」――これらはいずれも「順序立てて考えを表現すること」には違いない。「論述する」は、右のいずれの場合にも使える最も一般的な言い方である。

そしてそれゆえに、「論述する」は右のいずれの場合であるかを特定して示し得ない言い方なのである。

「問1」「問2」「問3」は、試験の形式でいえば、論述試験の問題である。「論述試験」とは、「筆記試験のうち、○×方式でなく、論文形式で答える試験」(『類語大辞典』講談社、二四二ページ)である。試験の形式から言って、「論述しなさい。」は言われなくても分かる。「論述しなさい。」と言われなくても、受験生は○×で答えたりはしない。論述試験で「論述しなさい。」と言うのは、受験生に何ら新しい情報を与えるものではない。

受験生は、何でも「論述しなさい。」と書いてある「問」を見て思う。

出題者は自分が受験生にどのような仕事を課すかを、具体的に意識しているのだろうか。どのような仕事を課しているかの判断・特定を、受験生に「丸投げ」しているのではないか。この意識で、受験生のした仕事が要求と合致しているか否かを正確に評価できるのだろうか。

受験生は心配になる。

第二節　語の異同と自他の区別

第一節で「出題者」と書いた。この「出題者」とは、誰か特定の個人ではない。福島大学大学院人間発達研究科という組織である。この組織がこの入試問題を出題したのである。だから、この問題だらけの悪文の責任は、特定の個人にではなく、福島大学大学院人間発達研究科という組織にある。

この入試問題が出来上がるまでには、いろいろな人々が関与しているであろう。まず、誰かが原案を作る。それから、問題作成の作業チーム全体でその原案に検討を加える。原案は複数の人々の共同作業において練り直され、修正の末に成案となる。成案を正式に採用するか否かの決定は、〇〇委員会などと称する部署が下すであろう。つまり、この入試問題は組織に所属する複数の人々の目で何重にも検討を重ねた結果である。だから、この入試問題はこの組織における国語力の水準を示す。

この組織では、第一節で私が指摘した問題には一つも気付かなかったのである。将来の話ではないのに「予想」と書き、一方で「踏まえながら」と書き他方で「踏まえて」と書くのに、何の疑問もたなかったのである。また、「教室での」と書くべきところを「教室で」と書いて済ませる用語法が、この組織では通用するのである。設問の文章は、この組織においてどんな用語法が通用し、共有されているかを具体的に示している。

「予想」と「想像」とはどう違うか。「踏まえながら」と「踏まえて」とはどう違うか。「教室で」と「教室での」とはどう違うか。これらはそれぞれ、どこが同じでどこがどう異なるのか。このような語の異同に対する意識が、この組織では稀薄である。

語の異同に対する意識が稀薄であるがゆえに、この組織は二つの誤りをおかす。

第一に、語の選択を誤る。例えば、「予想」と「想像」との異同を意識できない。「予」に対して無自覚である。それゆえに、「想像」を選択できずに「予想」と書く。また、格助詞の「の」が不可欠であるのに、大体同じだという鈍い意識で「教室で」と書く。

第二に、特段の理由もなく、類似の語に言い換える。例えば、「踏まえながら」と書いたり「踏まえて」と書いたりする。換える必要の無い語を、その場の思いつきで言い換える。用語使用の一貫性がない。つまり、用語使用の原則が考えられていないのである。

「予想」と書く判断はどのようになされたのか。その時出題者は（この組織は）、「予想」以外にどのような選択肢を意識したか。

この「予想」という語は「問2」にあった。この「問2」では次の二つの問いが立てられていた。

①　「上の教師は教材をどう読み取」ったか。

②　「子どもとどのような教室での言葉のやりとりを行ってい」たか。

この①②はいずれも、受験生が（また、出題者も）知り得ない事柄である。知り得ない事柄を「予想」できるのか。それは「予想」するものなのか。「想像」するものなのか。「推測」するものなのか。

「予想」「想像」「推測」、さらには「予測」「想定」「推定」……直接見聞きできず知り得ない事柄についての思考を表す語はいろいろある。出題者（この組織）はこれらを意識したか。どれだけ意識したか。

「予想」も「予測」も将来についての思考である。「予」がそれを表している。その点では「予想」と「予測」は似ている。つまりその点では、両者は互いに、「予」が含まれていない他の語とよりもよく似ている。「想像」も「推測」も、将来に限らない思考である。だから、「予想」と「予測」とはその点で異なる。

しかし、「予測」はすでに分かっていることを根拠にして将来どうなるかを推し測る思考である。これに対して「予想」とは将来どうなるかを思い描く。『類語大辞典』（講談社）では次のようにその違いを説明する（三一一ページ）。

　「予想」は「はっきり分からないが」「多少筋道をつけて考えること」である。

　「予測」は「科学的手法によって推定すること」である。

右の違いに着目すれば、「予想」は「予測」よりも「想像」とよく似ている。また、「予測」は「予想」よりも「推測」とよく似ている。親戚である。

このように「予想」「予測」「想像」「推測」などの語は互いに異同関係をもち、ネットワークを形成している。これを〈異同のネットワーク〉と呼ぼう。語はそれ単独で在るのではなく、異同のネットワークを成す複合体に組み込まれている。「予想」という語もそれ単独で在るのではない。「予測」「想像」「推測」などの語と共に、異同のネットワークに組み込まれている。

「予想」と書くということは、このような異同のネットワークを成すさまざまな語の中から「予想」という語を選択することである。そして、それは、「予測」「想像」「推測」などという他の語は選択しないということを意味する。なぜ「予想」を選択し、他の語は選択しないのか。そこには何らかの理由がある。何らかの選択基準が働いている。

「予想」と書いたとき、出題者（この組織）はおそらく「予想」以外の選択肢は大して意識しなかったであろう。他の選択肢の意識が無ければ、「予想」との異同の意識は生じない。異同の意識が生じなければ、選択基準は意識できない。出題者の頭では、「予想」という概念の内容は「想像」と区別できるほどはっきりしなかったのである。出題者においては、「予想」という語を組み込んだ異同のネットワークは未発達である。充分に形成されていない。

なぜこうなるのか。つまり、なぜこの組織では語の異同に対する意識が生じないのか。生じたとしても、なぜ稀薄なのか。その意識が刺激され、異同のネットワークが形成されるのに、何が欠けているのか。

第一節で、「踏まえる」について述べた（一二七ページ）。

> 論述するのは子どもではない。受験生である。受験生が論述するのに、子ども＝他人（ひと）が思った理由を論述の「拠《よ》り所・前提」にせよと言うのか。なぜ他人（ひと）が思った理由をその当否を検討することなく、自分の論述の「前提」に据えねばならないのか。〔略〕
>
> 受験生は思う。これでは子どもの尻馬に乗って論述することになるではないか。つまり、自他の区別のつかない意識で論述することになるではないか。

つまり、この組織において「子どもの教材の読み取り方」は「踏まえる」ものである。批判・検討するものではない。この意識は、「問3」の設問の文章にも表れている。出題者（この組織）は「問3」で書く。

> 上の子どもの教材の読み取り方を〔略〕授業の中で有効に取り入れるとすれば、〔略〕

この組織では、「子どもの教材の読み取り方」は「取り入れる」ものである。「取り入れる」とは何か。「他のよい点を自分のものとする」（『岩波国語辞典第七版』）ことである。ここでも、「子どもの教材の読み取り方」はそのまま「取り入れる」に値する「よい」ものだと前提されている。それは受験生が批判・検討する対象とはみなされていない。

この「踏まえる」「取り入れる」は、この組織が子どもの声に対してもつ意識をよく表している。
この組織においては、「子どもの教材の読み取り方」はそのまま規範として論述の方向を決める。それは、授業研究、教材研究の規範・規準である。それは規範・規準であるがゆえに、批判・検討すべき対象とはなり得ない。つまり、「子どもの教材の読み取り方」は分析する対象ではなく、単にありがたがって奉るだけのものとなってしまう。子どもの声はすなわち天の声なのである。それは分析する対象ではないのだから、分析するための言葉は重要だと意識されない。分析するための言葉に対して無自覚になる。それゆえに、語の異同に対する意識は刺激されない。その意識は鈍い。
先に、「自他の区別のつかない意識で論述することになるではないか。」と述べた（一二七ページ）。「踏まえ」「取り入れる」のでは、「子どもの教材の読み取り方」の限界は見えてはこない。また、「子どもの教材の読み取り方」とは違う教材批判の道も開けない。この組織は自力で「子どもの教材の読み取り方を越える読み取り方を示すことが出来ない。その志を持たない。そして、受験生にもその志を求めない。

「教材」の問題の一文は次の通りであった。

「みんなありがとう。」とぼくはこころのなかでいいました。

子どもは右の「こころのなかで」を「変だな」と思い、批判した。「ありがとう」は「こころのなかで」ではなく、「口に出して」「言わなきゃいけないよ」。これが、「変だな」と思った理由であり、「子どもの教材の読み取り方」であった。

出題者（この組織）は、これを「踏まえ」「取り入れる」ことを受験生に求めた。そうすると、「どのような授業のあり方が考えられるか」(問3)。せいぜい次のような授業を提案する程度であろう。

> 確かに口に出して言わなければ、感謝の意は相手に伝わらない。「さとし」と「まさる」の提案に対して黙って済ませるわけにはいかない。二人に対しては「ありがとう」と言うべきである。挨拶は大切である。人間関係（「友情」）を良好な状態に保つには、挨拶は不可欠である。だから「ありがとう」は口に出して言おう。挨拶を実行しよう。

こうして挨拶を呼びかけ教える授業を提案するに到る。しかし、次のような疑問をもつ受験生はいなかったか。

(1)　これでは重要な問題を見落としてしまうのではないか。

(2)　考えるべき問題はもっと別にあるのではないか。

この(1)(2)について詳しく述べる。

おかずを落としてしまったのは、給食当番としての「ぼく」の失敗である。この失敗に「ぼく」は対処しなければならない。失敗に対処するのも、当番の仕事のうちである。「ぼく」にはそのために考えるべきこと、なすべきことがある。ただ「こまってしまい」、ただ「ありがとう」と思うだけでは、対処は出来ない。この状況での当番の仕事は、まだ終わってはいない。

「さとし」は「みんなでかたづけよう。」と提案した。また、「まもる」は「ぼくのおかずはんぶんわけてあげるよ。」と提案した。「ぼく」は、これらの提案を検討するべきである。ただありがたがっているのでは、対処は出来ない。

「さとし」の提案をどう見るべきか。この状況で、「みんなでかたづけよう。」という提案は役に立つか。否である。不特定多数の「みんな」では、互いに顔を見合わせているうちに時間が過ぎていく。誰が何をするか。どう手分けをするか。それを速やかに決め、行動するべきである。「みんなでかたづけよう。」では、それを速やかに決めることは出来ない。だから、行動に移せない。「さとし」はこんな提案をする暇に、ぼんやりしている「ぼく」を促してさっさと一緒に片付け始めればいいのだ。

「まもる」の提案はどうか。「はんぶんわけてあげるよ。」という好意に甘えてよいか。

「まもる」から半分も分けてもらう必要があるかどうかを判断するべきである。給食室には余りが有るのがふつうである。分からなければ、どこにもらいに行けばよいかを担任の教師に聞けばよい。もらいに行けば済むのに、「まもる」から分けてもらうのは、不適切な対処法である。「まもる」の提案は、ありがたく固辞するべきである。それに甘えてはいけない。

「ぼく」は考えるべきである。次のようにである。

おかずを片付ける者と、おかずの余りをもらってくる者が要る。基本的には、「ぼく」も含めて給食当番（複数いるだろう）が手分けをすればよい。数人いれば充分である。「みんな」でするほどの仕事量ではない。

当番以外は速やかに食事を始めてもらおう。給食の時間は限られている。そして、「ぼく」が「やすお」のおかずを落としてしまったのだから、その「やすお」には「ぼく」のおかずをまわしてやればよい。そうすれば、「やすお」も速やかに食事を始めることが出来る。「ぼく」は、自分の分をもらってくればよいのだ。

こうして後始末の影響を最小限に留めるべきなのである。

たかがおかずを落とした程度の失敗である。一大事だととらえ、うろたえる必要はない。騒ぐ必要もない。右のように適切に、かつ速やかに対処すれば済む。この対処の中に、挨拶は含まれる。「さとし」にも「まもる」にも、また一緒に後始末をしてくれた子どもにも、「ありがとう」の一言が要る。また、「やすお」には「ごめんね」と言おう。

しかし、挨拶は「ぼく」のするべき対処の全てではない。そのほんの一部に過ぎない。つまり、「ありがとう」を「こころのなかで」言うだけでいいかどうかは、小さい副次的な問題である。授業で考えるべき中心的な問題ではない。

「先生」は、「みんな思いやりがあるし、『ぼく』もちゃんと感謝してえらいわね」と教えたそうである。これは、「思いやり」の気持ち、「感謝」の気持ちを持てと教えるだけの授業である。

これに対して、子どもは「感謝」の気持ちは口に出して言えと批判した。しかし、これは「ぼく」のするべき対処のほんの一部を指摘したに過ぎない。問題意識としては狭すぎる。

このように考えた受験生は、挨拶を呼びかけ教える授業の限界を意識する。そんな授業を提案するわけにはいかないと思う。

失敗にどう対処するかを自ら考えられず、手も足も出ない「ぼく」。自ら行動できず、周囲の「思いやり」に依存する「ぼく」。この「ぼく」から学ぶべきなのは何か。自立の必要である。つまり、自ら冷静に事態を分析し、それに対処する必要をこそ学ぶべきである。危機管理のあり方を具体的に問う授業が必要である。そのような授業をこそ提案するべきだと受験生は思う。

「子どもの教材の読み取り方」を「踏まえ」「取り入れる」という制約の下では、右のような授業は提案できない。この提案は、「子どもの教材の読み取り方」の限界を指摘し、それを越える読み取り方を示すことにより初めて可能になる。ここには、受験生の自分が在る。つまり、自他の区別の意識が働いている。

これに対して、出題者であるこの組織は、「子どもの教材の読み取り方」をありがたがる。そして、それを規範・規準とする。それゆえに、それは批判・検討の対象としては意識されない。それを越え、それとは違う読み取り方を示すことが出来ない。つまり、出題者であるこの組織には、自分が無い。自分が無いから、自分とは違う他人（ひと）も意識できないのである。

このような自他の区別の意識と前述の「語の異同」に対する意識とは、一体である。異同のネットワークを成すさまざまな語の中で、どれを選択するのか。その選択のしかたが違うから、人は自分とは違う他人（ひと）を意識する。また、他人（ひと）とは違う選択をするから、人はそこに他人（ひと）とは違う自分を意識する。

自分と他人（ひと）とは違う。だから、語の選択のしかたも違う。つまり、語の選択のしかたが違うのも自然な話である。他人（ひと）の文章には、自分のとは違う選択基準が働いているはずである。それゆえに他人（ひと）

は他人（ひと）であり、自分は自分なのである。

それを同一だと思い込み、違い（異同）を正確に測る努力をしなければ、他人（ひと）が何をどう考えているかの理解を誤る。他人（ひと）が何をどう考えているかを正確に理解するには、努力を要するのである。語の選択基準の違い（異同）を測らねばならない。

自他の区別の意識が語の異同に対する意識を刺激する。ところが、出題者であるこの組織には自分が無い。つまり、自他の区別の意識が無い。それゆえに、語の異同に対する意識は刺激されないのである。

第三節　自分の文体、他人（ひと）の文体

視写することになった時、ある学生は言った。

「何だ、簡単じゃん。丸写しすればいいんだろ？」

私は答える。

「その通り、丸写しすればいいのです。いや、丸写しでなければならないのです。」

「丸写し」とは何か。「自分の考えを加えず、そのまま写すこと。」（『広辞苑第六版』）である。「もとのまま寸分たがわず書き写すこと。」（『類語大辞典』講談社）である。

学生に念を押す。

「よろしいですか。書いてある通りに写すのですよ。ちょっとでも勝手に書き換えてはいけません。自分の考

えを加えてはいけないのです。百十枚、最後までこれを貫き通す。出来ますか。」

学生はやや腰が引ける。「簡単じゃん。」とはよくぞ言ったものである。「簡単」かどうかはやれば分かる。ともかく始めてみよう。

視写では自分の考えを加えてはならない。一字一句、句読点一つに到るまで、「寸分たがわず」正確に写さなければならない。この意味では、視写する者の自由はない。

学生は「寸分たがわず」正確に写そうと努める。ところが、学生はどこかで必ず写し間違える。視写には写し間違いがつきものである。どのように写し間違えるか。その例は、第三章で紹介した。改めて次に列挙する。

(1) 学生は「七〇歳」を「七十歳」と写し間違えた。（第一節）
(2) 学生は「ゆるして」を「許して」と写し間違えた。（第二節）
(3) 学生は「我々は」を「我々」と写し間違えた。（第三節）
(4) 学生は「遊んでいた」を「遊んだ」と写し間違えた。（第四節）
(5) 学生は「やりたい仕事」を「やりたいこと」と写し間違えた。（第五節）

これらの写し間違いは、なぜ起きるか。

視写する時、学生は一字ずつ逐一見て写すわけではない。また、視写する紙に予め薄く字が印刷してあって、それをなぞり書きするわけでもない。学生は、まず、ある程度まとまった範囲を区切り、それを見て記憶する。それから目を原稿用紙に移し、記憶に従って書く。

「ある程度まとまった範囲」というのには個人差がある。また、同じ学生でも、場合によって変わる。短い場合は一語ずつであったり、さらに細かく語幹と語尾に分けたりして書き写す。例えば、「言って／よい／かも／しれ／ない」などと分ける。視写に不慣れな初期段階ではよく見られる現象である。また、活字にふだんから親しんでいない学生ほど、このように細切れにする傾向がある。慣れるに従って記憶する範囲は拡がる。二十字、三十字に及ぶ一文を一気に記憶して書き写すまでになる。

また、初めから一文を一気に記憶して書き写せる学生でも、見慣れない専門用語が出てくると、細切れにする場合がある。例えば、「抗体産生」「免疫グロブリン産生細胞」「黒質線条体変性症」などが登場すると、大変である。細切れにして、丁寧に確認しつつ視写を進める。（視写を中断して、辞書で調べる学生が増える。）

このように、記憶する範囲が広いか狭いかには差がある。しかし、いずれの場合でも、見て、記憶して、書く過程のどこかで、間違いが起きる。次の三つの場合がある。

(一)　自分の文体が干渉して、見る段階で見間違う場合がある。見れども見えずという事態である。自分の思い込み通りに筆者（石坂氏）が書いてくれているはずだと思い、実態がよく見えなくなってしまうのである。

(二)　記憶が不確かな部分を、自分の文体に従って埋める場合がある。一文を一気に記憶して書き写そうとする場合に、よく起きる。文末に近づくほど記憶が不確かになり、自分の文体で、自己流に書いてしまうのである。

(三)　自分の文体が記憶を退け、それに取って替わる場合がある。正確に見て記憶したはずなのに、書く段階で自分の文体が思わず出現する。手が勝手に動く。

何人もの学生が先の(1)〜(5)の写し間違いを同様におかす。しかし、同じ写し間違いであってもその事情は学生によって違う。例えば、⑶「我々は」の「は」を抜かしてしまう間違いは、複数の学生がおかす。それぞれの学生に尋ねると、その事情はいろいろである。右の(一)のように、「は」が見えども見えずであった学生もいる。(二)のように、「は」があったかどうかの記憶が不確かなまま、自己流で「は」を抜かしてしまう学生もいる。(三)のように、「ちゃんと『我々は』だと分かっていたのですが、書いたのを後で見たら『は』が抜けてました。」という学生もいる。

学生は次の主旨を言う。

> 石坂さんの文章に慣れないうちは、思わず点〔読点〕を余計に打ってしまうんです。例えば石坂さんは、「理科ことに生物学に興味をもっていたので旧制高校の理科に行きたいと思い、」と、途中で全然点を打ちません。でも私は、「理科、ことに、生物学に興味を持っていたので、」と三つも点を打ってしまいます。私はふだんから点を打ちすぎる質(たち)で、石坂さんは逆にあまり打たない。息が長いなと感じます。それで調子がつかめなくて慣れるのがすごく大変でした。

また次のように言う学生もいる。

> ちゃんと見て写していたはずなのに、「明らかだったから」を「明らかだったので、」と書いてしまいました。

うっかり「我々は」の「は」を抜かしてしまいました。「我々」の方は目に入ったのに、「は」の方は入りませんでした。「我々」と書けばそれで意味が通じるので、「は」まで注意して書くことは今までなかったと思います。

このような事態を、学生は「自分の癖が出てしまう」「自然に手が動いてしまう」などと表現する。「〜してしまう」とは、意に反して〈からだ〉がおのずから動く事態を表す。「寸分たがわず」石坂氏が書いた通りに正確に写そうと意識はしている。しかし、その意識は〈からだ〉の動きを完全には制御し得ない。つまり、〈からだ〉に刻まれた自分の文体を抑制し得ない。

「文体」とは何か。「文体」とは、〈からだ〉に形成された言語表現の回路である。〈からだ〉とは何かは、第一章ですでに述べた(三六―三七ページ)。筋肉、骨などの物質としての身体組織、代謝や循環などの生理的機能、さらに、意識、意欲、感情、認識、思考――〈からだ〉とは、これらを多元的、多重的に含みこんで成り立っているシステムである。この〈からだ〉に形成された言語表現の回路が、「文体」である。

だから、文体には、身体組織も生理的機能も、意識、意欲、感情等々も、全てが関わっている。「文体」とは、筆者の呼吸法、息づかいだという趣旨の話をよく聞く。その通りである。文体は〈からだ〉を離れてはあり得ない。

学生は、視写において、この回路を経て言語表現する事態を制御しきれない。視写するのは、石坂氏ではない。

石坂氏とは違う〈からだ〉をもち、違う文体＝言語表現の回路をもつ学生である。正確に写さなければという意識だけでは〈からだ〉の多元的、多重的なシステムは制御できない。

学生は意に反して、自分の回路を経て言語表現してしまう。そして、自らの言語表現の結果と石坂氏の文章とを見比べる。その違いに気付き、直しを入れる。この直しは、自らの言語表現に対するフィードバックである。言語表現とフィードバックとを繰り返すことにより、学生は石坂氏の文体を学習する。つまり、学生は次第に自分の〈からだ〉に石坂氏の文体の特徴を有する回路を形成していく。

新たな回路が形成されるにしたがって、学生の写し間違いは減る。そして、石坂氏なら次にどう書くかが読めるようになる。つまり、石坂氏が次にどう書くかをかなり正確に想定できるようになる。これが、石坂氏の文体に慣れたという状態である。

この回路が充分に形成されないうちは、筆者が次にどう書くかを想定しきれない。例えば「照子」の文体には、漢字表記と平仮名表記を並べるという特徴があった。「照子」は「許して」と「ゆるして」とを対句のように対置する。第三章第二節で、この箇所の写し間違いの事例を紹介した。そこで指摘したように、「照子」の書いた文章は、「私の履歴書」にはめったに登場しない（七二ページ）。だから、学生がその文体に慣れ、それを学習する機会は乏しい。それゆえに、学生はその文体の特徴がつかめない。直前の「許して」を見て、次もこの漢字表記を繰り返せばよいと思い込む。「照子」の文体の想定を誤る。直前に「許して」と書きながらすぐ後に「ゆるして」と書く文体を、学生は持ち合わせていない。

このような写し間違いが、語の異同の意識を刺激する。そして、自分と他人（ひと）との文体の違いを学生に実感させる。つまり、自他の区別を意識させる。視写にはそれを促す条件が備わっている。その条件とは何か。どのような条件が備わっているがゆえに、視写は語の異同の意識、自他の区別の意識を刺激し育てるのか。

その条件は五つある。

(1)　視写では原稿用紙に**書く**。書くと、写し間違いの**証拠**が残る。動かぬ証拠が眼前に存在する。

(2)　写し間違った箇所に、**赤の直し**を入れる。この赤は目立ち、またいつまでも残る。だから、自分がどこでどう間違えたかを意識し、考える機会を与えてくれる。間違えた原因は何か。語の選択が正しいのは、石坂氏か、それとも自分か。学生はそこで考えざるを得ない。学生は学習の機会を得る。

(3)　視写は、**ゆっくり**進む。原稿用紙のマス目に一字ずつ字を書くのだから、目で追って読むよりも、音読するよりも、時間がかかる。ゆっくりであるからこそ、考える時間に恵まれる。一字一字、次を想定し、自分との違いを測り、異同のネットワークを意識する時間をもつことが出来る。

(4)　**マス目に一字ずつ字を埋めていかねばならない。**このマス目が一字一句、句読点一つに対する意識を強める。マス目が、字一つ、記号一つを区切るからである。目で追って読むだけではこのような意識はもてない。また マス目の無い紙に書いたのでもだめである。目で追って読む時、目は一字一字を区切ってたどるのではなく、もっと大づかみに語句をとらえる。マス目は目が大づかみにとらえた語句を、その構成単位である一字一字に分解する。目でとらえた語句の記憶は、一字ごとにもとの語句と照合される。マス目は一字の違いも見逃さず意識するのを助ける。

(5)　視写では、**視覚と触覚の二つのチャンネル（経路）**が複合してフィードバックが行われる。フィードバックのチャンネルが多ければ、それだけフィードバックの精度が増す。二つのチャンネルが視覚情報と触覚情報という異なる情報を脳に送り、互いに補完し合うからである。

この(5)について、詳しく述べる。

例えば、石坂氏は「我々は」と書いた。学生は、それを「我々」と見る。「は」を見落とす。次に、学生はマス目に字を埋めていく。埋めながら、目は何度か石坂氏の文章とマス目の間を往復する。一字一字たどって、無意識に「は」と書く。書いて気が付く。今、自分は確かに「は」と書いた。さっき見た「我々」は、実は「我々は」であったのだ。初め見えども見えずであった「は」の存在を、〈筆触〉＝触覚が知らせてくれたのである。

また例えば、「は」を見逃して、「我々」と書く。つまり、「我々」と〈筆触〉する。それから、再び石坂氏の元の文章を見る。マス目が一字ずつ確認するのを助ける。そこで目は、「は」が抜けているのを発見する。視覚情報が触覚情報の不足を補う。

その後、赤で「は」を加える。つまり、赤で「は」と〈筆触〉する。〈筆触〉により、「は」の存在は強く意識される。〈からだ〉に「は」が刻みつけられる。つまり、触覚情報が視覚情報の確実性を高めるのである。

学生に、視写の前に音読させてみる。音読させてみると、学生が元の文章をいかに不正確に見ているかが分かる。次は「私の履歴書」①の一節である。

私の仕事のほとんどは彼女との共同作業によるものだから「我々は」を使うのである。

これを学生は次のように音読した。

　私の仕事はほとんど彼女と共同の作業によるので「我々」と使っているのである。

　学生は元の文章をよく見ずに勝手に作文する。そして、「大体こんなことが書いてあると思ったので」などと言い訳する。他人（ひと）がどう書いているかを正確にとらえられない。自己流に言い換えたこと自体、大して意識していない。また、意味が大体同じなら違う語を使っても構わないと考えている。自分の言葉に言い換えて、元の文章を理解した気になっている。

　先に、視写に備わっている五つの条件を列挙した。これらの条件は、言い換えを許さず少しの言い換えでもことごとく摘出するためにある。学生に言い換える自由はない。この不自由が学生に必要である。この不自由が、学生に語の異同を意識させる。自分の文体と他人（ひと）の文体との違いを意識させる。

　そして学生は、この不自由ゆえに、自分ならこう書くと主張したくなる。そう主張するには、説明が要る。石坂氏の語の選び方、用語法がなぜ誤っており、自分の方がなぜ正しいのか。学生は、語の選択について、具体的に闘わざるを得なくなる。

第六章　〈からだ〉の鍛え方
――早稲田大学「学術的文章の作成」授業と比較する

学生に対する読み書き教育の実践がいろいろ行われている[12]。しかし、それらの比較・検討、相互批判はあまり行われていないようである[13]。実践の問題を見出しそれに対処するには、比較・検討、相互批判が不可欠である。相互に比較すれば、違いが分かる。その違いが何を意味するのか、どちらがなぜ望ましいのかを論じるべきである。私が行った視写の教育は、他の読み書き教育の実践とどう関係するのか。どこが違うのか。他の読み書き教育に対するどのような批判になっているのか。どのような問題提起をしているのか。それを明らかにするために、この第六章を書く。

佐渡島紗織氏の「早稲田大学における学術的文章作成授業――2年目における成果と課題――」(『初年次教育学会誌』第2巻第1号、初年次教育学会、二〇〇九年一二月。以下、本論文についてはページ数のみを記す。また、元は横書きである。)を読んだ。早稲田大学では、一年生対象の「学術的文章の作成」という授業科目を開講しているそうである。全八回の授業（「講義」）をコンピューターで配信し、毎回四百字から五百字の作文を書かせる。大学院生の「指導員」が分担して、その作文に「コメント」を付して「フィードバック」する。これらは全て電子メールによるやりとりであるらしい14。

この授業と私が行った視写の授業とでは、何が違うか。本章ではこの違いを明らかにし、この違いが表す意味を論じる。

予告しておく。重要な違いは次の四つである。

1　量——学生に書かせる文章の量が決定的に違う。

2　〈筆触〉の有無——コンピューターと手書きとの違いである。

3　他人（ひと）の文章に対する意識——視写は終始学生に他人（ひと）の文章を意識させる。「学術的文章の作成」授業ではそれが無い。

4　学生数——私の視写の授業は少人数である。「学術的文章の作成」授業はいわゆるマスプロ教育の典型である。

この1〜4は、つまるところ、〈からだ〉の鍛え方の違いを表す。

第一節　量

佐渡島氏は言う（七四ページ）。

毎週、新しい講義がコンピュータで配信され、４００から５００字の文章を一週間以内に提出させる。〔略〕これを８週間繰り返す。最後の１週間は、授業の配信はなく、それまでに書いて提出した文章のうちの１編を書き直して提出する（２００９春学期より実施）。

つまり学生は、「４００から５００字の文章」を書き直しも含めて九編書く。少なく見積もって四百字詰原稿用紙にして九枚、多く見積もって十一枚、ならして十枚になる。

私の視写の授業では百十枚を課した。全員が最低これだけは書く。早く書き上げた学生には、さらに朝日新聞「天声人語」などのコラムの視写を課した。毎日、その日のコラムを視写する。この視写では、①石坂公成「私の履歴書」の文体と比較する、②コラムの文章にふさわしい題をつける、という学習を加えた。また、自らコラムを書き（学生自ら「天遷人語」などと命名した）、「天声人語」との文体の比較をした学生もいた。最も多く書いた学生は、「私の履歴書」の視写を一ヵ月で仕上げ、コラムの視写を二ヵ月半続けた。その視写量は二百枚を越えた。コラムの視写をした学生数は、全体の三分の一であった。

佐渡島氏の授業で書かせたのは、十枚。私の授業では、最も少なくて百十枚、最も多くて二百枚。書かせた文章量の差は明らかである。

序論第三節（一四ページ）ですでに述べたが、この視写は「日本語表現」の授業の一部であった。視写とそれに対する個人指導は、授業時間外に行った。そして、毎週ある「日本語表現」の時間では、視写とは違う学習をさせた。どのような学習をさせたか。序論第三節ですでに紹介したが、改めて次に示す。

(1)　手紙文／親への近況報告を書く。
(2)　エントリー・シートを書く。
(3)　会社への送付状を書く。
(4)　意見を書く。

これらの学習と、授業時間外に行う視写との関係を、拙論「『日本語表現』授業における視写の指導」（『信州豊南短期大学紀要』第二三号、平成一八年）で次のように説明した（二〇四ページ）。

要するに、「日本語表現」は、二重構造（dual system）を持つ。授業〔授業時間内〕と授業外〔授業時間外〕の学習とが併行して進行するように構想されている。授業〔授業時間内〕では、言語表現の集中的な訓練を行う。これに対して授業外〔授業時間外〕の学習では、継続的、持続的に経験を蓄積させる。また、授業〔授業時間内〕では、学生自身の文章を直接鍛える。これに対して授業外〔授業時間外〕の学習では、他者の文章に正対させる。他者の文体、他者の文章の呼吸を体験的に学習させる。

なぜ私はこのような二重構造の授業をしたのか。視写を組み合わせなければならなかったのは、なぜか。同拙論で、私は次のように述べた（二一八ページ）。

学習する態勢が出来ていない学生たち。字を書くこと自体に抵抗があり、文章を鍛える段階には到達していない学生たち。この学生たちに対して、週一こま、全一五回の授業とそれに付随する作文の宿題で何が出来るか。必要なのは、字を書く経験の絶対量を確保することである。少なくとも、机の前に座ることがあまり苦痛でなくなり、字を書くことに抵抗が無くなるまで。つまり、机の前に座り字を書くことが学生たちの生活の一部になり、習慣が形成されるまで。そのための絶対量を確保するには、作文を書かせ、授業でそれを検討する方法はほとんど役に立たない。そこで確保できる経験量は知れている。どうしても、授業の外〔授業時間外〕の継続的な学習活動を組織しなければならなかった。そして、それをしっかりと支える支援体制を整えなければならなかった。

私が毎週の「日本語表現」の時間に課した作文は、合計十枚程度であった。ちょうど佐渡島氏が書かせた量に相当する。佐渡島氏の授業では、「指導員」がそれに「コメント」を付して「フィードバック」した。私の場合は、提出された作文を使って授業をした。クラスの人数が少ないので全員の作文を使うことが出来た。毎時間かなり徹底的に問題点を洗い出し、どう書くべきかを考えさせた。学生は文章を分析・批判する方法を学んだ。

この授業が出来たのは、これと併行して視写をさせたからである。視写をさせたおかげで、学生は濃く大きい字で作文を書くことが出来た。また、机の前に座り字を書くことに慣れてくると、作文はきちんと提出期限までに出揃うようになった。学生は私が指定した分量をともかくも書いて出して来た。

授業で作文を分析・批判するためには、少なくとも他人（ひと）に見やすく書かれていなければならない。字を苦労して判読しなければならないようでは、それだけで労力を使い果たす。分析・批判には到れない。また、作文が出揃わず、書かれた分量も少なければ、分析・批判の素材が乏しくなる。授業に支障をきたす。ほとんど書けなかった学生には、分析・批判は他人事になる。授業に出る意義を感じられなくなる。

視写のおかげでこれらの問題がなくなった。作文を分析・批判する授業が出来る条件が整った。

併行して視写をさせた効果はもう一つある。作文を分析・批判する時に、視写に言及し、視写の経験を思い起こさせる。それが学生を助ける。学習を確実なものにするのである。

例えば、作文で「リ」を「ソ」と書いた学生に、次の趣旨を言う。

○月○日の個人指導の時に、「リ」を「ソ」と書くなと注意した（「カルテ」を手元に常備しているから確認できる）。覚えているだろう。視写原稿を見る限り、その後は「リ」を「ソ」と書く例はほぼなくなった。
ところがこの作文でこの癖がまた復活した。この作文は視写とは違い、皆が読む。そこに「ソ」と書いたものだから、皆、びっくりしただろう。「オソンパス光学工業」（地元企業「オリンパス光学工業」。短大開学以来、多くの学生が就職している。）とは何だ、と思っただろう。

気を許してはいけない。視写の意識はここでも必要だ。視写の時のつもりで書こう。


学生は深く頷く。「視写の時のつもりで」で、どうすればいいのかが具体的に分かる。それ以後、作文でも正確に「リ」と書くようになる。視写の意識が常に働くようになる。

また例えば、引用の方法を教える時にも次のように視写に言及する。

引用は正確でなければならない。一字一句、正確に写す——まさに、視写の要領だ。引用によって、相手がまさにそう書いたのだという証拠を示す。そのためには、指紋一つ付けてはいけない。証拠物件は、現状を維持しないといけない。つまり、引用は勝手に書き換えてはいけないのだ。これはまさに、視写そのものだ。

さあ、正確に引用してみよう。皆、視写で鍛えているから、大丈夫、出来るだろう。


学生は「任せておいて下さい。」という顔をする。期待に違わず、学生は一人残らず見事に正確な引用をする。間違わない。それればかりか、他人（ひと）の文章中に引用があると、それが正確かどうかを必ず確かめる。教師が指示しなくてもそうする。元の文章と照合して、句読点の間違い一つ見逃さない。その照合する目は正確である。

先に示したように、拙論で、「必要なのは、字を書く経験の絶対量を確保することである。」と述べた（一六〇ページ）。そのために、「授業外〔授業時間外〕の学習では、継続的、持続的に経験を蓄積させる。」（一五九ページ）という方法を講じた。佐渡島氏に無く私に有るのは、この書く経験の絶対量を確保する方法である。そして、経験の絶対量を確保することが必要だという認識である。

学生が書く経験をろくに蓄積していなければ、「講義」で書き方を教えたり、私のように作文を学生に分析・批判させたりしても、書く力は大して育たない。「講義」も分析・批判も書く経験に働きかけるから役に立つ。その書く経験が乏しい学生に書き方を教えても、虚しい。学生は、自分の経験と結びつかない話を聞かされても、よく理解できない。だから鈍い反応しか示し得ない。

佐渡島氏は例えば、初回の「講義」で『と思う』などを排し考えた中身だけを書く。」という「技能」を教えるという(七四ページ)。

私も作文を分析・批判させる授業でそう教える。全ての文が「と思う」で終わっている学生の作文を印刷、配布する。そして、逐一「この『と思う』は必要か。」と学生に問う。「どうしてもこの『と思う』は要ると思う者は、遠慮なく手を挙げなさい。そして、なぜ要ると思うかを話して下さい。」手を挙げる者はめったにいない。大体不要なのである。こうして、一つ一つ、「と思う」を削除させる。「『と思う』が無い方がすっきりします。」などと学生は言う。

それ以後、しばらくは「と思う」で終わる文はなりをひそめる。しかし、少数ながら、「と思う」を書き続ける学生はいる。そして、その数は少しずつ増える。そのたびに「と思う」の問題をとり上げる。書きたがる学生と、書かせまいとする教師との根比べとなる。

多くの学生が「と思う」を書きたがる。「と思う」で終わる文に慣れている。「と思う」無しの文を書く経験が乏しい。小学校で書かされた作文も「と思います。」で終わることが多かった。中学、高校で書かされた読書感想文も、「と思う。」と書いた。「と思う」で文を終えるのが、これまで書いてきた文章の定型であった。

ある学生は言った。

「小学校の時、『と思います。』をやめて、『〜だ。』と書いてみました。なんだか大人になったみたいでよかった。でも、先生にそれはいけないと注意されました。〝自分の考えを強く出すと、読む人が気を悪くする。それに、自分の考えが正しいと決めつけるのはよくない。『と思います』と書いて、一歩引いた方がよい。自分は一応こ

う考えるけど、いろんな考えがあるからそれにこだわるつもりはないという感じになる。〃

そう言われると、私も小さかったので『ふーん、そういうものかぁ。』と思って、またみんなと同じように『と思います。』と書くようになりました。」

学生はこのような経緯で「と思う」と書く文体を身につけた。「と思う」と書くと、学生は気が落ち着く。「と思う」と書くと、周囲から浮き上がる心配がない。教師から注意されもしない。「と思う」は馴染みの文体となる。

第五章第三節で、『文体』とは何か。」を論じた（一五一ページ）。次の通りである。

「文体」とは何か。「文体」とは、〈からだ〉に形成された言語表現の回路である。〔略〕文体には、身体組織も生理的機能も、意識、意欲、感情等々も、全てが関わっている。「文体」とは、筆者の呼吸法、息づかいだという趣旨の話をよく聞く。その通りである。文体は〈からだ〉を離れてはあり得ない。

「文体」とは〈からだ〉に形成された言語表現の回路である。この回路は、繰り返し繰り返し「と思う」で終わる文を書くことによって形成されたのである。回路が形成されるには時間が必要であった。皆が「と思う」で終わる文を書き、教師がそれを望ましいとみなせば、「と思う」で終わる文を書く経験は増える。つまり、「と思う」を歓迎する環境が、回路の形成を方向づけ、促進した。こうして学生は「と思う」で終わる文を書く〈からだ〉を作った。

「と思う」と書くのは、心情を語る文体である。これに対して、「『と思う』などを排し考えた中身だけを書く」（佐渡島、七四ページ）のは、物事を論じる文体である。つまり、佐渡島氏の、「『と思う』などを排し考えた中身だけを書け」というのは、心情を語る文体から物事を論じる文体に換えよという教えである。

学生はこれまで心情を語る経験はした。しかし、物事を論じる経験はほとんどしたことがない。学生が獲得したのは、心情を語る文体である。物事を論じる文体ではない。

その学生が新たに物事を論じる文体を獲得するにはどうするか。心情を語る文体を獲得した時のように、繰り返し繰り返し「考えた中身だけを書く」のである。つまり、「考えた中身だけを書く」経験の蓄積が必要である、今のところ、学生は自ら「考えた中身だけを書く」ことが出来ない。だから、自ら書く代りに、そのような文体で書かれた他人（ひと）の文章をひたすら視写するべきである。視写することにより、「考えた中身だけを書く」ための呼吸法を他人（ひと）から学ぶべきなのである。

新たな回路の形成には時間がかかる。書く経験の蓄積が要る。新たな回路の形成とは、すなわち〈からだ〉作りなのである。〈からだ〉作りは、一度だけの注意、一度だけの練習ではだめである。日々の鍛錬こそが必要である。毎日毎日の繰り返しが〈からだ〉を作る。つまり、書く経験の絶対量を確保しなければ、新たな文体は獲得できない。教師は新たな回路の形成を学生に委ね、待つべきである。「と思う」と書くのをやめられない学生を、「飲み込みが悪い」と叱っても無駄である。教師は学生に「考えた中身だけを書く」機会を保障し時間を与えねばならない。「考えた中身だけを書く」経験を蓄積すると、「と思う」をやめよと教えなくても「と思う」とは書かなくなる。物事を論じる時に「と思う」で逐一文を終える事態は無くなる。教師が学生に働きかけるのは、それからである。

例えば、それでも学生が「と思う」で終わる文をどこかで書く。この「と思う」は必要か。必要だとしたら、それはなぜか。それを問う。つまり、一律に「と思う」を禁じるのではなく、「と思う」が要る場合と要らぬ場合との判別基準を自覚させることを目指す。具体的な文脈において、それを学生に考えさせるのである。

また、書く経験を蓄積すると、学生はそれに照らして考えることが出来る。石坂氏の文章を視写した学生は、作文の授業で「と思う」が話題になった時に次のように発言した。

「でも、石坂さんの文章には『思う』が少し使われています。石坂さんがほかにいろんな考え方があるのを分かっていて、それでも自分の考え方を書こうと思う時には、『思う』と書いています。そういう時には『思う』と書いた方がいいと思います。」

「石坂さんは『思う』より『思っていた』と書くことが多いように感じます。昔、自分がどう思っていたかを読者に知ってもらうのに、そう書いたのだと思います。こういう場合の『思っていた』を削ると困るのではないでしょうか。」

「自分の考えが正しいと証明する時には『思う』は要らないけど、自分が昔どう考えていたかを読者に伝える時には要ると思います。石坂さんはその区別をしていたように思います。無駄な『思う』はなかったように思います。」

このようにして、学生は「と思う」が要る場合と要らぬ場合との判別基準を立てようと努める。この基準に照らして自分や他の学生の書いた文章を調べる。誤った判断で、あるいは無自覚に「と思う」と書いてしまった箇所を洗い出す。「と思う」と書くべきか否かの自覚こそが重要だと認識する。その自覚があれば、どの文も「と思う」で終える事態は防ぐことが出来る。また、全ての文から「と思う」を排除せよという指示は乱暴だとみなすようになる。

授業で学生に働きかけるのは、学生が書く経験を蓄積し、不充分ながら回路を形成しつつあるという条件をまず満たした後である。この条件を満たしてこそ、形成しつつある回路の分析・批判が役に立つ。学生も、自分の書く経験に照らして教師に質問し、意見を述べることが出来る。自ら回路の修正を試みることが出来る。

佐渡島氏の授業で、学生は例えば次のような質問をしたのだろうか。

「『と思う』は学術書の類でも使われていた。また、『と思われる』と書く著者もいた。例えば○○氏の著書にあった。これはいけないのか。なぜいけないのか。」

「『と思う』を書いたことがなかった著者が珍しくそう書いた例を、私は見た。筆がすべったとみなすべきか。それともそう書く必要があったのか。それは意図的、自覚的な『と思う』であったと私は読んだ。それは間違いか。」

「『と思う』を『〜だろう』の代りに用いている例がある。不確実な推測では『〜だ』と断定できない。だから『と思う』と書く。私もそうしてきた。これはいけないのか。いけないとしたら、それはなぜか。」

書く経験を蓄積すると、学生はその経験に照らしていろいろ例を出せるようになる。その例を使って、教師の教えの当否を自ら判断しようとする。教師はそれに対処し得る教え方をしなければならなくなる。この対話、この問答が、学生の回路を精緻にする。

右のような具体例を使った質問が学生から出ないとすれば、それは書く経験が貧困だからである。書く経験の絶対量が確保されていないからである。つまり、学生は「と思う」の要不要を問う授業を受ける段階にはまだ到達していないのである。分析・批判も、「講義」での注意、指示も、書く経験の蓄積の役を担うことは出来ない。

それらは書く経験の蓄積の代りにはならない。

第二節　〈筆触〉の有無

佐渡島氏は文章をコンピューターで「作成」させるらしい。作文の提出は電子メールによるそうだから、学生はコンピューターのワープロソフトを使って文章を「作成」するしかない。それとも、佐渡島氏は学生に、手書きの原稿を作らせてからコンピューターに入力させるのだろうか。しかし、そうさせているという記述は見当たらない。

私の視写の授業では、手書きのみをさせる。「日本語表現」で課す作文も手書きである。たまに作文をコンピューターで「作成」してくる学生がいるが、それは受理しない。必ず手書き原稿を提出させる。

なぜコンピューターの使用を許さず手書きさせるのか。学生に楽をさせないためである。楽をすると〈からだ〉がなまる。つまり、書く体力が低下する。書く体力の低下は、書く気力の低下をもたらす。書く意識が集中を欠き、散漫になる。散漫な意識で書いた文章に赤を入れてやる親切は、学生を育てない。気楽に（つまり無自覚に）書いた文章でも指導してもらえると誤解させるだけである。佐渡島氏はそうは考えないか。

コンピューターで文章を「作成」するのと、手書きとの違いは、〈筆触〉にある。〈筆触〉は手書きする時にのみ生じる。手書きする時、手に持った筆記用具の先端と紙との間に摩擦が起きる。〈からだ〉は手を通してその摩擦による抵抗を感じとる。この抵抗感が〈筆触〉である。コンピューターで文章を「作成」する時には〈筆触〉は生じない。キーボードを打鍵（タイピング）する時の感触は、〈筆触〉とは違う。打鍵しても摩擦は起こらない。打鍵と手書きとでは抵抗感が違う。キーボードのキーは軽い。打鍵は、その軽いキーを上から一瞬軽く叩くだけである。これに対して手書きの場合は、筆記用具の先端が紙に食い込み、紙を削り、字を刻む。その間、手は筆記用具を確実に持ち、紙の抵抗に抗して動かさねばならない。

打鍵で腱鞘炎になったという学生は、見たことがない。しかし、手書きで濃く大きい字を書き続けて腱鞘炎を起こした学生はいた。腱鞘炎にまでは到らなくても、ペンだこは出来た。打鍵でたこが出来たという話は聞いたことがない。打鍵と手書きとの労力の差は明らかである。

抵抗が少ない分、打鍵の速度は速い。コンピューターによる文章の「作成」は、速いのが身上である。習熟すれば、全くキーボードを見ずに高速で打鍵できるようになる。打鍵は反射運動となる。

これに比べて、手書きは遅い。一字一字、崩すことなく原稿用紙のマス目に字を入れていくと、四百字詰原稿用紙一枚書くのに十五分かかる。打鍵なら、数分で済む。

手書きは時間と労力がかかる。能率が悪い。しかし、能率が悪いがゆえに、考え迷う時間がある。例えば、「行動」「行為」「言動」「振る舞い」……どの語を選択するべきかを考え迷う。文脈に照らして選択肢をいろいろ入れ替えてみて、書いたり消したりする。消しゴムを使わなければ、その試行錯誤の跡を残し得る。

コンピューターの場合、「行動」という語が頭に浮かぶと、ひらがな入力かローマ字入力かで漢字に変換する操作を行う。変換する時に現れる選択肢は、ソフトを作った誰かが並べた同音異義語である。「行動」「坑道」「公道」「黄道」「講堂」……使用頻度順だというが、目下考え合わせたい選択肢群とは何の関係もない、無意味な選択肢が並んでいる。「行動」が使用頻度第一位であるならば、変換キーの打鍵一つで「行動」が画面に出現する。同音異義語の選択肢群の出る幕すらない。

これらの操作は考え迷う暇を与えず瞬時に反射的に行われる。例えば「行動」の漢字表記がうろ覚えであったとしても、音（おん）を入力しさえすればコンピューターが教えてくれる。辞書を引く必要もない。書き手の思いつきは瞬時に活字となり、書き手の目に飛び込んでくる。そこには考え迷わせてくれる抵抗が無い。

また、コンピューターの場合、語、文、文章の変更も削除も複写も、楽なものである。しかも、それらの操作の履歴は画面に残らない。つまり、書き直しの過程は跡を留めない。書き直しの結果のみがきれいな形で出現する。だから、清書は不要である。書き直しの過程がすっかり画面から消え失せるから、夥しい書き直しの跡をたどり、書き直しの判断が本当に正しかったかと悩むことが出来ない。

佐渡島氏は次のように言う（七七ページ）。

本学では数年前より各学部で剽窃を防ぐための規則が教授会の議題にのぼっている。インターネット情報をコピーして出典を示さずに本文に挿入する学生が後を絶たないからである。

copy and paste（俗に「コピペ」）の濫用・悪用が問題になっている。かつて学生が教えてくれたことがあった。

「○○先生のレポートは作るのに全然時間がかからないんです。適当にいろんなサイトからデータ〔他人（ひと）の文章〕を持って来て貼り付けるだけで、後はそれをメールで飛ばせばいいんです。みんなそうしてます。」

「○○先生」は、同じ内容の「レポート」が続出したので、真相を悟り、怒った。それをどう取り締ったかは私は聞いていない。

学生にとってこれほど楽なことはない。引いてきた他人(ひと)の文章はろくに読みもしない。複写する範囲さえ決まれば済むからである。また、コンピューターに複写させるのだから、写し間違える心配は無用である。自分で文章を書くことなく「レポート」が仕上がる。

こんな「レポート」をどれだけ仕上げても、書く経験の蓄積には全くならない。書く体力はつかない。だから学生はぼやいた。

「私たちのやっていることはいけないことだと先生は怒るけど、それが出来ないとレポートは書けません。締め切りが明日なのに、まだ何も手がつかないんです。みんな困っています。」

出典を示せば「剽窃」にはならない。叱られた学生は、素直にアドレスごと貼り付ける。これで出典を示したと安心する。しかし、問題はこれで解決したわけではない。レポートが「コピペ」だけで仕上がっている事態が問題なのである。

例えば四百字詰原稿用紙二枚分の文章を手書きで引用しようとすれば、三十分かかる。一点一画を崩さず、強い筆圧で、元と逐一見比べて正確に引用しようとすれば、その位かかる。「コピペ」なら数秒である。学生は、おかげで楽をして遊んで暮らせると喜ぶ。「コピペ」は、コンピューターの使用を読み書きに許すと学生をどう劣悪な学習環境におくかを、最も極端な形で教えてくれる。

第二章第三節で、〈筆触〉と書く意識との関係を次のように述べた（五一―五二ページ）。

強い筆圧で濃く大きい字を書く。この時、〈筆触〉は〈からだ〉に一点一画の筆の運びを強く意識させる。強い点画の意識をもたらす。この〈筆触〉の働きを助けるのが、原稿用紙のマス目である。

マス目は一字一字を意識するのにまことによく出来ている。それは、〈からだ〉に一字一字を意識させるための仕掛けである。〈筆触〉はこの仕掛けに助けられて〈からだ〉に一字一字を意識させる。

さらに、同じ第二章第三節で次のようにも述べた（五六―五七ページ）

「章」と「賞」とでは〈筆触〉が違う。〈筆触〉が〈からだ〉にもたらたす点画の意識が違う。〔略〕この点画の意識の違いに支えられて、「章」と「賞」との字の違いが意識される。人は、この「章」と「賞」とを単なる字の違いとしてのみ意識するのではない。この時人は、「受章」と「受賞」という、それぞれの字を含んで成り立つ語の違いを意識する。これらの語の意味の違いを意識する。そして、それぞれの語がどんな文に使われているか、なぜ使い分けられているのかを意識する。つまり、文の違いを意識する。それぞれの文がどんな文脈で出てくるかを意識する。つまり、その語が登場する文脈の違いを意識する。

石坂氏の「私の履歴書」には、「章」と「賞」とが入れ替り立ち替り出てくる箇所がある。〔略〕そこには石坂氏が「受賞」したいろいろな賞の名称が並んでいる。〔略〕それらに混じって、「文化勲章」が出てくる。「文化勲章」についてのみ、石坂氏は「受章」と書く。つまり、「受賞」と「受章」とは、明瞭に使い分けられている。

なぜか。「賞」はほうびである。これに対して「章」はしるしである。「恩賜賞」はほうびだが、〔略〕「文化勲章」は、文化に対する貢献をたたえてそれを表すしるしである。〔略〕勲章をもらうことを「受賞」と言ったのでは、この区別が成り立たない。

〔略〕

〈筆触〉は、マス目に助けられて〈からだ〉に一字一字を意識させる。その、一字一字を意識させるというのは、右のような事態をいう。マス目に濃く大きい字を一字一字刻むと、学生はこのような意識をもつに到る。「受章」を「受賞」と書いても大体同じだとたかをくくらなくなる。具体的な一字の違いにおいて、語、文、文脈の違いを見分けようとするようになる。

コンピューターで文章を「作成」するという行為は、〈筆触〉を無用にする。〈筆触〉を無用にすると、学生は右のような意識を持てなくなる。右のような意識は〈筆触〉こそがもたらす。キーボードの打鍵では無理である。〈筆触〉を無用にした代償は大きい。それは文章に対する無自覚を生む。そしてまた、その無自覚を発見する機会を奪う。〈筆触〉を無用にするということは、〈からだ〉に読み書きさせる道を断つことである。

次は、佐渡島氏の第四回の「講義」を受けて学生が「作成」した文章である（佐渡島、七九ページ、横書きをたて書きに変えて引用する）。

高校生のアルバイト
——高校生が本当にやるべきこと——

本レポートでは高校生が在学中にアルバイトを行う必要があるかどうかについて論じていく。また、高校生が本当にやるべきことについても追究していく。

はっきり言って高校生がアルバイトをする必要はないであろう。しかし、アルバイトからでしか得られない社会経験があるという声も多い。たとえば、時間厳守の概念である。雇われれば高校生は社会においての時間の厳しさを体験から学ぶことができる。他には言葉遣いや礼儀等である。しかし、これらは全部、真面目に高校生活を送れば身につくものである。高校では部活動等の課外活動もある。それに、体育祭や文化祭は生徒が中心となって企画をしていく。それらを一生懸命取り組むことにより、十分な社会経験を積むことができる。それに、アルバイトは高校を卒業してからもすることができる。高校生の間は高校生としてやるべきことを一生懸命やるだけで十分であろう。

以上のことから、高校生がアルバイトをする必要はないと言えるであろう。高校生は高校生活を満喫すべきである。

学生はコンピューターで右の文章を「作成」した。この文章における自覚を問う。問うのは次の**一**～**五**の五点である。

一　「論じていく。」「追究していく。」「企画をしていく。」――いずれも「ていく」という継続表現を用いている。なぜ継続表現を用いなければならないのか

「論じる。」「追究する。」「企画をする。」ではなぜいけないのか。

一方で学生は、「雇われれば（略）学ぶことができる。」と書く。「学んでいくことができる。」とは書かない。また、「高校生活を送れば身につくものである。」とも書く。「送っていけば」とは書かない。さらに、「社会経験を積むことができる。」とも書く。「積んでいくことができる。」とは書かない。これらに「ていく」という継続表現を用いないのはなぜか。

つまり、「ていく」という継続表現を用いる場合と用いない場合とを、どのような基準で区別するのか。基準に対する自覚はあるか。

学生は冒頭の二文で、それぞれ、「論じていく。」「追究していく。」と書いた。これらは論述過程の時系列的な記述である。「論じる」行為、あるいは「追究する」行為の継続的な進行が語られているからである。「ていく」を用いることにより、冒頭の二文は共に、論述過程を語る文になっているのである。

「ていく」を排除するとどうなるか。次のようになる。

本レポートではAについて論じる。また、Bについても追及する。

右の二文を読んだ読者は、次の①②を知る。

① 「本レポート」がＡＢの二つの論点を扱うものであること。

② Ａを「論じる」、Ｂを「追究する」、という二つの仕事によって「本レポート」が構成されていること。

つまり、読者は「本レポート」の論述の構造を知る。語られているのは、論述構造である。論述過程ではない。

論述の過程（process）と構造（structure）とは区別するべきである。冒頭で語るべきなのは、過程なのか、それとも構造なのか。どちらなのか。構造を語るべきところで、過程を語る用語法を選択してはいけない。逆に、過程を語るべきところで、構造を語る用語法を選択してもいけない。つまり、過程と構造とを混同してはいけない。

冒頭の二文では、この自覚が必要である。

そして、学生はこの自覚において、冒頭の二文の「ていく」を排除するべきである。冒頭で読者に知らせるのは、論述の構造である。論述の過程は、実際に中を読み進めれば分かる。「論じていく。」などと書くと、読者は学生がいつまで論じ続けるつもりなのか、いつ論じ終えるのかを気にする。つまり、いつまで学生の論述に付き合えばいいのか心配する。読者に要らぬ心配をさせてはいけない。論述の構造を地図のように示し、読者に見通しを与えることが必要なのである。

二　「本レポートでは高校生が在学中にアルバイトを行う必要があるかどうかについて論じていく。**また**、高校生が本当にやるべきことについても追究していく。」

「**また**」と書いた時、気にするべき事柄がある。次の⑴⑵の二つである。

(1)　「また」と書かずに直前の「論じていく。」までで留めておけば、仕事は一つである。「高校生が在学中にアルバイトを行う必要があるかどうかについて論じ」るだけでよい。ところが、「また」と書いて仕事を一つ増やす。「高校生が本当にやるべきこと」を「追究」する仕事が加わる。仕事は二つになる。

わずか四百字程度の文章である。この限られた字数で右の二つの仕事をすることが出来るだろうか。「高校生が在学中にアルバイトを行う必要があるかどうかについて論じ」るだけでも、四百字に納めるには努力を要する。それなのに、「高校生が本当にやるべきこと」を「追究」するという仕事が加わる。四百字では、「追究」などと言い得る仕事はし切れないだろうと思うべきである。

「追究」とは何か。「どこまでも深く追って、明らかにしようとすること。」(『岩波国語辞典第七版』)だという。「どこまでも深く追って」などという仕事を四百字のそのまた半分程度の字数で行う。そんなことは無理である。学生が書いた「本論」の文章を見ると、案の定である。「どこまでも深く追って」などという仕事をした痕跡は全く無い。

学生は、「また」と書いて仕事を増やすのを思いとどまるべきであった。「また」とキーボードを打鍵した時、学生にその必要は思い浮かばなかったのか。ためらいはなかったのか。

(2)　「また」と書いて二つの仕事を並べる。それが出来るのは、二つの仕事が同格である場合である。学生が並べた二つの仕事はどうか。その二つは、同格か。

「高校生が本当にやるべきこと」の「追究」は、高校生の生き方を包括的にとらえる仕事である。これに対して、

「高校生が在学中にアルバイトを行う必要があるかどうかについて論じ」るのは、具体的問題を扱う仕事である。この仕事は、前の包括的にとらえる仕事に含まれる。前者は後者を含む。後者は前者に含まれる。これは、ちょうど総論と各論の関係である。前者は総論であり、後者は各論である。つまり、この二つは同格ではない。総論と各論とを「また」で並べる。含み含まれるもの同士を「また」で並べる。これは出来ない。例えば、次のように並べるのをおかしいと学生は思わないか。

二つの問題を論じる。

① 直間比率をどう見直すべきか。

② 我が国の税制をどう改革すべきか。

①は②を構成する論点の一つである。つまり、①は②に含まれる。②には、①のほかに、例えば法人税の見直し、累進課税の見直しなどの論点も含まれる。②は総論であり、①は②の各論である。①②を右のように並べるのはおかしいのである。

「また」と書く時、学生は、「また」で並べる二つの仕事が同格か否かを気にしなければいけない。学生は「また」と打鍵した時、それを気にすることが出来たか。

三 「**はっきり言って**高校生がアルバイトをする必要はない**であろう**。」

なぜここで「はっきり言って」と書く必要があるのだろう。一文一文、何事もはっきり言うべきである。右の一文に限らず、どこでもはっきり言うべきなのである。右の一文にだけ「はっきり言って」と書いてあると、読者は、学生が他の文でははっきり言っていないのかと心配する。他の文では学生が言葉を濁しているのかと思う。それとも「はっきり言」うというのは「断定する」という意味なのだろうか。しかし、右の一文は、「必要はない**であろう**。」で終わっている。「であろう」だから、まだ不確実な話なのである。それなら、「はっきり言って」とは書けない。「はっきりとは言えないが、おそらく〔略〕必要はないであろう。」と書くべきである。学生は「であろう」という文末との整合を考えたのか。

学生は作文に添付した「コメント欄」で次のように書いた（七九ページ）。

　自分の結論が世間とは反対の高校生はアルバイトをする必要がないというインパクトの強いものなので、結論を本論の最初に持ってきて強調するようにした。

「はっきり言って」と書いたのも、「強調するようにした」ためか。「世間とは反対の」「インパクトの強い」結論を書くのだと力んだのか。

そうだとしたら、「はっきり言って」は書き手（学生）の心理的事実の表明だということになる。学生は読者に自分が力んで武者震いしているという事実を知らせているのである。

しかし、学生は、「高校生がアルバイトをする必要はない」と主張したいのである。学生がそのために書くべきであるのは、この主張の正しさ、正当性の論証である。つまり、自分の主張の論理をこそ書くべきなのである。そこに心理的事実を持ち込むべきではない。心理的事実は論理の代りにはならない。いかに力み、武者震いをしようと、自分の主張の論理が正しいという論証にはならない。却って冷静な論証を妨げる。

自分が力んでいるという事実、武者震いしているという事実は、生(なま)で書くべきではない。それらは、書く気力を奮い起こすエネルギーとして、私的な領域に留め、温めるべきである。つまり、文章にするべき事柄とするべきではない事柄とを区別するべきである。

付け加える。

先に引用した「コメント欄」において、学生は「結論を本論の最初に持ってきて」と書いていた。これは不正確である。結論は最後にもあった。本論に続いて学生は「以上のことから、高校生がアルバイトをする必要はないと言えるであろう。」と書いていた(七九ページ)。つまり、結論は最初だけではなく、最初と最後に二度出されていた。だから正確には、「結論を本論の最初にも持ってきて」と書くべきであった。

さらに言えば、この結論の二度出しは避けるべきであった。四百字という限られた紙幅である。無駄はなくす方がよい。結論を最初に持ってくるのなら、最後の結論は不要であった。教わった「〈序論・本論・結論[15]〉」(七五ページ)という構成を気にして、最後は結論が要ると思ったのかもしれない。しかしそれに形式的に従う必要はなかった。

四　学生の文末表現に対する自覚を問う。

三つの文末表現がある。

①　**「必要はないであろう。」**

②　**「必要はないと言えるであろう。」**

③　**「必要がない」**

①は、「はっきり言って」で始まる文の文末である。②は、最後の結論「以上のことから」で始まる文の文末である。③は、「コメント欄」の「自分の結論が世間とは反対の」で始まる複文に埋め込まれた文の文末である。学生は自分の結論を三つの違う表現で書いたことを自覚しているか。「必要は（が）ない」という判断の確実性の程度は、右の①②③のうち、どれなのか。どれが正しい表現なのか。

①②③のうち、最も確実性の高い判断を表現しているのは、③である。「必要がない」と断定している。次は①である。②は一番不確かである。「言えるであろう。」――よほど自信がないのだろうと読者は読む。「言える」が加わった上に、「であろう」だから、「言える」かどうかも不確かなのである。

①②③は、確実性の程度が右のように違う。確実性の程度が揺れている。

五　「しかし、アルバイトからでしか得られない社会経験があるという声**も多い**。」

「声も多い」と書いている。この「も」を意識するべきである。当然、次のことが気にならなければならない。ほかに何が多いのか。どこにそれが書いてあるのか。

直前を見る。「はっきり言って高校生がアルバイトをする必要はないであろう。」という一文がある。これは書き手（学生）の声である。しかしこのような声が多いとは書いていない。だから、ほかに何が多いかは、不明である。「も」と書くのなら、次のように文を並べなければならない。

Aの声は多い。しかし、Bの声も多い。

このように文を並べなければならないと意識するべきなのに、学生はそう意識していない。その意識を持たずに、不用意に「も」と打鍵したのだろう。その時、この「も」は「は」に替えるべきではないかとは思わなかったのだろう。無自覚な「も」であった。次のように書くべきであった。

はっきり言って高校生がアルバイトをする必要はないであろう。しかし、アルバイトからでしか得られない社会経験があるという声は多い。

「も」だけでなく、次の「多い」も気にしなければならない。「多い」と打鍵した時、学生は心配にならなかったか。「多い」とは何を基準にそう判断したのか。その基準を示す用意が自分にあるか。例えば、四十人学級で、インフルエンザによる欠席児童が五人出た。他の学級では、どこも一人か二人である。これと比較すれば、五人は多い。しかし、この時他校では、各学級で軒並み十人から二十人の欠席児童が出て、学級閉鎖が相次いでいる。これと比較すれば、五人は少ない。まだましである。学級閉鎖の段階ではない。

つまり、多いか否かは基準による。この基準を示さず（示す用意もなく）「多い」と書くわけにはいかない。また、「多い」と書くと次のような質問を受けはしないかと思うべきである。

「多い」というのは確かか。どうして分かったのか。調べたのか。証拠があるか。

学生はおそらく調べてはいないだろう。証拠を出す用意はないだろう。つまり、無防備に自分の印象を語っただけなのだろう。

この無防備を自覚すると、「多い」とは書けないと思うのが自然である。「多い」などと数を問題にする必要はないのである。数より証拠が大切である。「アルバイトからでしか得られない社会経験がある」という声の証拠を示そう。つまり、引用をしよう。引用して証拠を示せば、「そんな声が存在するという証拠はあるか。」という追及を封じることが出来る。

「多い」と書けるか、書けないか。「多い」「少ない」を書くべきなのか。「多い」と打鍵した時、学生は自らにそう問うべきであった。

以上の**一**〜**五**で、書き出しの四文を例にしてどのような自覚が要るのかを述べた。これらに共通するのは、文章に対する自覚の程度は他の選択肢をどれだけ意識できるかによるという事実である。「論じていく」か、「論じる」のか（**一**）。「また」と書くべきか、書くべきでないのか（**二**）。「はっきり言って」と書けるか、書けないのか（**三**）。「ないであろう」か、「ないと言えるであろう」か、「ない」か（**四**）。「も」か、それとも「は」か。「多い」と書けるか、書けないのか（**五**）。

選択肢を意識すると、相互の異同を測らねばならなくなる。選択基準、選択理由を意識せざるを得なくなる。これが、自覚をもつという事態である。つまり、自覚とは、異同の意識のことである。

〈筆触〉は、異同の意識を刺激する。別の言い方をすれば、〈筆触〉は帰還回路（feedback circuit）を活性化させ、作動させる。「帰還回路」とは、「動作の結果得られた出力の一部を入力に与え、出力を参照しながら、次の動作が実行できるようにする回路」（『岩波情報科学辞典』岩波書店、一九九〇年）である。

書き手は〈筆触〉において、自分が行った語の選択行為の結果を感受する。そして、他の選択肢と比較し競合させることにより、その結果を評価する。より良い選択のための試行錯誤を〈筆触〉において行う。

〈筆触〉を無用にするというのは、異同の意識を刺激し、帰還回路を活性化させる〈筆触〉の働きが得られないことを意味する。それゆえに、**一**～**五**で指摘したような、文章に対する無自覚を許す。

第三節　他人（ひと）の文章に対する意識

第二節の「五」で次のように述べた（一八三ページ）。

「アルバイトからでしか得られない社会経験がある」という声の証拠を示そう。つまり、引用をしよう。引用して証拠を示せば、「そんな声が存在するという証拠はあるか。」という追及を封じることが出来る。

学生が書いた「高校生のアルバイト」という文章には、この引用が無い。

学生は「アルバイトからでしか得られない社会経験があるという声も多い。」とは書く。しかし、その「声」とは誰の声か、誰が実際にどう言ったのかは書いていない。「アルバイトからでしか得られない社会経験がある」という部分は、引用ではない。誰かがその意味のことを言ったのかもしれないが、学生はそれを自分の言葉に言い換えている。

学生はまた、次のようにも書く。

「たとえば、時間厳守の概念である。雇われれば高校生は社会においての時間の厳しさを体験から学ぶことができる。」

誰かがその意味のことを言ったのかもしれない。しかし、右はその生（なま）の声ではない。学生はやはり、それを自分の言葉に言い換えている。

学生は「コメント欄」に書く。

「自分の結論が世間とは反対の高校生はアルバイトをする必要がないというインパクトの強いものなので」

学生は右で、「世間」と言う。「世間」とは何か。具体的な誰かではない。不特定多数である（少数なら「世間」とは言わない）。責任を問えない（不特定多数では、責任を負う主体を特定できない）、流行（はやり）の言葉で言えば「空気」のようなものである。学生はこの「空気」のようなものと闘い、それに「インパクト」を与えるつもりらしい。しかし、実体の無い「空気」のようなものを相手にしては、闘いようがないだろう。「インパクト」を与え得たという手応えもないだろう。

つまり、学生は「世間」と言うに留まる。誰のどの論かを特定して引用しない。だから、闘う相手＝敵は姿を現さない。不明である。学生は見えない敵を相手に、どう闘えばいいのか分からずにいる。戦闘意欲を持てないでいる。

学生はなぜ敵の論を引用しないのか。

まだ引用の学習をしていないからである。引用の必要も、引用の仕方も、まだ全く教わっておらず、引用してから書けと指示されてもいないからである。学生が引用しないのは、佐渡島氏の授業の進め方のせいである。

佐渡島氏によれば、「学術的文章の作成」全八回の「講義内容」は次の通りである（七四〜七五ページ）。

第1回　学術的な文章とは
第2回　文を整える
第3回　語句を明確に使う
第4回　全体を構成する
第5回　論点を整理する
第6回　参考文献を記す
第7回　引用をする1
第8回　引用をする2

「高校生のアルバイト」は、右の第4回で課された。この時点では、学生はまだ引用についての授業を受けていない。それは、第7回まで待たなければならない。そして、それまでは引用無しの作文を書かされ続ける。授業の最終段階に到るまで、学生は敵が見えない状態で覚束無い論陣を張るしかない。

佐渡島氏に問う。「文を整える」のは何のためか。また、「語句を明確に使う」のは何のためか。

敵と闘い勝つためである。敵に勝つには、文を整えなければならない。語句を明確に使わなければならない。敵の論の誤りを明らかにするには、それが必要である。

文の乱れは論の乱れである。語句の不明確な使用は、論証の失敗を招く。敵よりもひどい悪文を書いていては、敵には勝てない。だから、文を整え、語句を明確に使おうと努めなければならない。敵の文章を目の前に置き、調べ尽くして自らの文を整える。自らの用語法を正す。文で勝ち、語句で勝たなければならない。

また、佐渡島氏に問う。「全体を構成する」方法が、敵の見えない所で決まり得るのか。「論点を整理する」方法が、敵とどう闘うかを離れて分かるのか。

例えば佐渡島氏は、「学術的な文章は一般的に〈序論・本文《ママ》・結論〉という構成であることを知る。」（七五ページ）と言う。学生はこの教えに従い、「高校生のアルバイト」の文章を書いた。「序論」と称する冒頭の二文がどうひどいかは、第二節「一」「二」で述べた。しかし、そこで述べなかったことがある。この「序論」が要るかという問題である。

わずか四百字程度の作文である。原稿用紙に書けば一枚である。一枚なら一挙に視野に入る。こんな見通しのきく作文で、「序論」を書いて読者に見通しを与える必要はない。四百字は短い。だから、限られた紙幅を無駄なく有効に使うよう努めるべきである。闘うのに、こんな形式にとらわれると負ける。

それでは「序論」の代りに何を書くか。敵の文章の引用である。敵が確かに書いた（言った）という証拠を出す。証拠を出して、そんなことを書いた（言った）覚えはないと言わせないようにする。逃げ道を封じる。封じておいて、その証拠物件を精査する。つまり、敵の誤りを明るみに出すのである。

引用すると、書き手がこれからその引用した文章について論じるのだなと読者は思う。その文章を問題にする気なのだなと分かる。読者は書き手と共にその文章を読む。論じる対象を共有する。そして、その文章についての論述がうまくいっているかどうかを判断することが出来る。

つまり、引用は、書き手がこれから何を取り上げて問題にするかを、最も具体的に示す。序論は不要である。

「全体を構成する」とは、陣立てを整えることである。また、「論点を整理する」とは、戦略を立てることである。佐渡島氏は「一般的に」と言うが、陣立て、戦略に「一般」は無い。具体的な敵との関係において、その都度決めるのである。「一般」があったとしても、それは「〈序論・本文《ママ》・結論〉」のように、無内容で実戦の役に立たない形骸に過ぎない。

つまり、「全体を構成する」方法は、敵の見えない所では決まらない。また、「論点を整理する」方法は、敵とどう闘うかを離れては分からない。敵を定め、敵の文章を引用する用意があって初めて、その方法が具体的に見えてくるのである。

だから、授業の最終段階に到るまで引用を学習させないのは誤りである。引用は、授業の早い段階で学習させるべきである。これにより、引用無しの作文を書かせるのをやめるべきである。「文を整える」のも、「語句を明確に使う」のも、「全体を構成する」のも、「論点を整理する」のも、実戦において学習させるべきである。

佐渡島氏の授業と私の授業との違いは、他人（ひと）の文章に対する意識にある。私は学生に、他人（ひと）の文章を見ないと書けないことを書かせる。他人（ひと）の文章を見なくても書けることは書かせない。他人（ひと）の文章から目をそらすと、視写は出来ない。佐渡島氏は学生に、他人（ひと）の文章を見なくても書けることを書かせる。他人（ひと）の文章を見ないと書けないことは書かせない。

別の言い方をする。

私の視写の授業では、学生にはコミュニケーションの相手が居る。それは、学生とは違う〈からだ〉をもち、それゆえに学生とは違う発想をし、違う判断をする人物である。つまり、他人（ひと）である。

これに対して佐渡島氏の授業では、学生にはコミュニケーションの相手が居ない。居たとしても、それは学生が想像する架空の人物でしかない。その人物は学生の想像の所産であるがゆえに、独自の〈からだ〉をもたず、学生がする発想を発想し、学生がする判断を判断する。学生は他人（ひと）とコミュニケーションをするのではない。ひ弱な自分の内で架空の対話をしているに過ぎない。こうして今までの自分に甘んじているのである。自分を鍛えるためには、他人（ひと）が要る。自分の思い通りにならない他人（ひと）が不可欠である。それが、佐渡島氏の授業には欠けている。

第三章で、学生による写し間違いの例を紹介した。学生は写し間違え、それに気付き、何度も目をこすって確かめ、赤で直しを入れ、考えた。この過程で、学生は観念内の石坂氏との間で「対話」を行う。例えば次のようにである。

「七〇歳」を「七十歳」と写し間違えたのは確かだが、この写し間違いを誘発したのは、石坂氏ではなかったか。学生は石坂氏にそう尋ねる。石坂氏は苦笑して、十二行前の「七十九歳」を学生に指し示す。この「七十九歳」は、石坂氏の表記の原則が揺れていることを雄弁に説明する。

学生はさらに尋ねる。年齢の表記で「〇」を使った例はほかにあるか。石坂氏は押し黙る。何も指し示さない。それから、「そんな例はほかには無かったなあ。」と言い、全三十回の連載を拡げて見せる。学生は、「七〇歳」と書いたのは石坂氏のうっかりミスだと結論を出し、にんまりする。

その時、石坂氏が「おいおい」と学生をつつく。「これを見落としているだろう。」石坂氏は、「七〇歳」の直前にカギかっこがあるのを学生に指さして教える。

思いがけない指摘に、学生はびっくりする。

「ここは引用なのですか。このカギかっこを単なる強調だと見てはいけなかったのですか。でも、引用なら、何の引用かが分かるように書くでしょう。例えば、日記に書き記したとか。何の引用かを教えずにこのカギかっこを引用だと思えと言うのは、強引ではないのですか。それはひどい……」

このような観念内の石坂氏との対話は、石坂氏が書いた文章という客観的な現実を介して行われる。つまり、この対話は客観性、現実性をもつ。この客観性、現実性は、学生と、学生ではない他人（ひと）とのコミュニケーションがもつ客観性、現実性と同質である。

学生は、他人（ひと）とのコミュニケーションにおいて、自分の思い込みの誤りを指摘される。自分ではなし得ない発想、判断を知る。他人（ひと）が自分の思い通りには書かないのだという現実に直面する。そこに、自分と他人（ひと）との違いを見る。これと同質の出来事が、右の対話において起きているのである。

第四章では、「私ならこう書く」という学生による提案の事例を紹介した。これもまた、観念内の石坂氏と視写する学生との間の客観的、現実的な対話である。

学生は石坂氏の文章の様々な箇所に承服できない。「私ならこう書く」と、代案を提示する。そしてその代案で石坂氏を説得しようと頑張る。その説得は成功する場合もあり、失敗に終わる場合もある。石坂氏を「なるほど」と言わせるのは骨が折れる。随所に説得の試みを頓挫させる仕掛けがあり、それらを一つ一つ乗り越えなければならないからである。元のままでよろしいと言って動かない石坂氏と、代案で行くべきだと主張する学生との間に、論争が起きる。論争もまた、他人（ひと）とのコミュニケーションである。

視写は孤独な仕事ではない。つまり、他人（ひと）と関わらず、独りで黙々と行う仕事ではない。視写は、他人（ひと）、つまり視写する文章の書き手とのコミュニケーションである。他人（ひと）とは、学生の自分と対立する抵抗的な現実である。つまり、他人（ひと）は学生の自分とは異質であり、学生の想像を越える。想像を越えるから、抵抗感を感じる。学生は視写において、この現実に直面する。現実であるからこそ、学生はそこに頭をぶつけ、悔しい思いをする。思いもよらない発想に驚き、目からうろこが落ちる。

「高校生のアルバイト」を書く学生にとって、他人（ひと）とは誰か。

次は、「全員が正社員で、女性が定年まで働き続けられる雇用制度」を選択した経営者の話である（日本経済新聞二〇一一年一月一七日「経営の視点」欄）。

ユニークな制度の原点は創業時にある。石川康晴社長（40）は著名なアパレルの首脳に経営の要諦を聞いて回ったが、返ってきたのは「人件費を経営の調整弁に使え」という話ばかり。非正規社員主体の運営を勧める先輩たちの話に違和感を覚え、正社員だけの会社にすることを決意する。

「高校生のアルバイト」を書く学生にとっての他人（ひと）には、例えば、右の「アパレルの首脳」を含めるとよい。学生は、アルバイトを雇う側の論理を知るべきである。右の「人件費を経営の調整弁に使え」を引用し、これと闘うコミュニケーション状況を作っていたならば、学生は闘い方が分かったであろう。少なくとも、「これら〔時間厳守の概念、言葉遣い、礼儀〕は全部、真面目に高校生活を送れば身につくものである。」と書いて済むとは思わなかっただろう。

「人件費を経営の調整弁に使え」は本音である。先輩経営者が後輩に経営の要諦を指南した言である。高校生のアルバイトに眉を顰める相手に対する弁解ではない。先輩経営者は、自ら実践してつかんだ経営の本質と信じることを語ったのである。

学生は、「アルバイトからでしか得られない社会経験があるという声」を問題にした。これが誰の声かは不明である。しかし、もし「アパレルの首脳」の声だと仮定したならば、この声は経営者の都合を隠す方便である。

高校生にとっての利益を盾にして、自分（経営者）の利益を守ろうというだけの話である。「雇われれば高校生は社会においての時間の厳しさを体験から学ぶことができる。」――遅刻は解雇の立派な理由にされるという話である。「言葉遣いや礼儀」――人の使い捨てを可能にする接客マニュアルに従ってもらおうという話である。実は高校生がありがたがる必要のない話を、おためごかしに言っているのである。

この方便を真に受けて、「〔いやいや、〕これらは全部、真面目に高校生活を送れば身につくものである。」と返すのは愚かしい。稚拙である。現実を知らない。「人件費を経営の調整弁に使え」と説く他人（ひと）を得ていれば、学生にそれが分かったはずである。

それが分かれば、闘い方が分かる。他人（ひと）が口をつぐむ本音を攻めよう。例えばアルバイトと正社員との人件費の比較をする。正社員の場合に雇用者が支払い義務を負う社会保険料には何があるか。どれだけかかるか。アルバイトに替えれば、それがどれだけ浮くか。試算して具体的に数値を出す。「人件費を経営の調整弁に使え」の意味が明らかになる。経営者がなぜアルバイトを欲しがるかが分かる。

学生は高校生に説きたくなるはずである。例えば次のようにである。

> 自らの時間と労働力を安く売れば、それだけ正規雇用の枠を狭め、雇用の無責任を許すことになる。アルバイト就労がこのような社会の仕組みにおいて歓迎されている現実を認識するべきである。

学生はまた、経営者とは別の他人（ひと）とのコミュニケーションも試みるべきである。例えば、経営者の論理がどうであれ、アルバイトをしなければ生活できない高校生である。父親が失業し、病気ゆえに再就職がなかなか出来ない。高校受験を控えた弟がいる。母親は失踪している。父親の失業手当と自分のコンビニでのアルバイト料で暮らしている。しかし、失業手当の支給期間がもうすぐ終わる。

この高校生に対して、学生は「高校生はアルバイトをする必要はない」と言えるのか。「高校生は高校生活を十分に満喫すべきである。」と言えるのか。学生はこの高校生に対して何を論じるべきなのか。例えばこの高校生にとって先の経営者の論理は本当にどうでもいいことなのか。それを知る必要はないのか。

学生には他人（ひと）が必要である。他人（ひと）とのコミュニケーションが必要である。それによって、学生は何をどう書くべきかが分かる。また、それによって書く意欲をもつことが出来る。書きたくなる。また、書かねばならないという気になる。

引用は、このようなコミュニケーション状況を作る。また、引用があるということは、学生がこのようなコミュニケーション状況にあるということを示す。

「学術的文章」において、他人（ひと）とは誰か。先行研究者である。「学術的文章」とは、先行研究者と闘う文章である。

佐渡島氏はいう（七四ページ）。

学術的な文章が他の文章と異なり、先行する研究をふまえて新しい見解を書いて示す文章であることを〔学生に〕

伝える。

この「ふまえて」は事態をあいまいにする。「ふまえて」では、先行研究を批判し、先行研究を超えるという学問研究の本質を語ることは出来ない。先行研究者は安泰である。

先行研究は「ふまえ」るのではない。それは、批判され、超えられねばならない。学術的文章で行うのは、先行研究に対する批判である。それが出来なければ、学術的文章を書く意義は無い。佐渡島氏は、学生にこの志をこそ教えるべきである。文章の書き方は、この志において学ばれるべきである。

学生は、研究者が先行研究者とどう闘ったかをもっと知るべきである。どのような語を選択し、どのような文を作り、どのような構成で論を組み立てて闘ったかを学ぶべきである。研究者が本気で言葉を尽くして闘った一冊一冊を熟読し、かつ多読するべきである。また、自分もこのように闘いたいと思う文章を、ゆっくり時間と労力をかけて視写するべきである。

そうすれば、学生は、「学術的文章の作成」全八回の授業で学ぶ以上のことを学び得る。はるかに具体的、かつ実戦的に学び得る。授業は、熟読、多読、視写によっては学び得ないことを教えるためにある。

熟読、多読、視写は労力が要る。労力をかけて「学術的文章」の書き方を学ぶのである。わずか十枚程度の文章を打鍵し、それをメールで飛ばす楽は、学生を育てない。

第四節　学生数

佐渡島氏の授業を履修した学生数は、一つの学期で五三七人、六七二人、九二五人などという規模である。早稲田大学の新入生が約一万人であるがゆえに、佐渡島氏の授業を含めた新入生のための授業は「一万人シリーズ」と呼ばれているという（七三ページ）。

これに対して、私の視写の授業では、履修した学生数は二七人である。

この人数の差は、授業の方法、教育の質を大きく変える。マスプロ教育と少人数教育との違いが現れている。佐渡島氏の授業では、コンピューターを用いた。コンピューターで「講義」を配信し、作文の「作成」も「フィードバック」も全てコンピューターで行った。それゆえに、手書きして〈筆触〉を得る機会は全く無かった。「フィードバック」は直接対話する方法では行えなかった。それゆえに、視写の個人指導で行ったような教師と学生との問答、討論は無かったであろう。

大勢の学生が書いた作文を見るには、活字になっていた方がよい。学生の癖のある乱雑な字を判読するだけで大変である。また、大勢の学生に大量に書かせると、それを見て指導するのは事実上不可能である。

私の視写の授業は、少人数であるがゆえに出来た。大量に書かせ、〈筆触〉させ、個人指導を研究室で継続的に行い得たのは、少人数であったからである。

読み書き教育をするのに、一万人をまとめて面倒を見させようというのは、無理である。体制が悪い。第一章で、私は「読み書き教育は体育である」と主張した。読み書き教育は、学生の〈からだ〉に働きかけなければ出来ない。

大勢をまとめてコンピューターで教えようという発想には全く馴染まないのである。それでは、具体的な学生の〈からだ〉を無視することになる。

この第六章で指摘した佐渡島氏の授業の問題は、佐渡島氏個人のせいである以上に、早稲田大学の体制のせいである。特に、第一節の量の問題、第二節の〈筆触〉の有無の問題はそうである。佐渡島氏は大学の体制の被害者である。そして、学生は、マスプロ教育の劣悪な教育体制の被害者である。

前の第三節の最後で、私は述べた（一九五ページ）。

学生は、研究者が先行研究者とどう闘ったかをもっと知るべきである。どのような語を選択し、どのような文を作り、どのような構成で論を組み立てて闘ったかを学ぶべきである。研究者が本気で言葉を尽くして闘った一冊一冊を熟読し、かつ多読するべきである。また、自分もこのように闘いたいと思う文章を、ゆっくり時間と労力をかけて視写するべきである。

このような学生の学習活動を指導するのは、ゼミのような少人数のクラスでなければ出来ない。特に、学問研究の現場を学ぶのだから、それに対する指導は専門教育のゼミでこそ行い得るのである。学生は、まさに自分が選択した専門分野において、読み書きを学ぶべきである。それと無関係な教養教育において、しかもまとめて面倒を見られたのでは、学問研究の志も、具体的な読み書きの方法も学び得ない。新入生にとって、学問したいという意欲を刺激し喚起する教育が必要である。

補遺　「『書く』っていいなあ」

石坂公成氏は、「私の履歴書」の最後を次の一文で締め括った(30)。

我々の人生はおもしろい人生であった。

この一文を書いて、学生の視写は終わった。学生は今まで視写して来た原稿を綴じ、それに表紙をつけた。それから、「この視写で何を学んだか」と題する作文を書いた。

最後の個人指導は十月に行った。もう後期に入っていて、「日本語表現」は時間割上は終了していたのだが、視写原稿に改めて目を通すのに時間がかかったのである。視写原稿は、一人百十枚、二十七名分、合計約三千枚あった。

学生は忘れもせずに研究室にやって来た。提出された視写原稿は一応返却した。学生が記念に自分の手元に残しておきたいと要望したからである。一応返却した上で、こちらから要望を出した。授業研究の資料として使わせてもらいたい。「こんなものでも先生の役に立つのなら差し上げます。」などと言ってくれる学生もいて、半数ほどの原稿の本体が、今、私の手元にある。

1

ある学生は、「この視写で何を学んだか」の作文に次のように書いている（原文のまま）。

今、完成されたものを見て、達成感で一杯です。最初のころは、なかなか集中して視写をすることができなかった自分が、他のことが聴こえなくなってしまうくらいに集中して取り組むことができるようになりました。少しづつでも着実にがんばれば、やり遂げることができるということを学びました。自分の字にも自信が持てるようにもなれたし、やり遂げることが出来たことで自分にも少し自信を持つことが出来ました。

この視写は私にとってよい経験になったと思います。たくさんのことを学べたこと、また「私の履歴書」に出会えたことに喜びを感じます。視写をする機会を与えてもらったことに感謝したいです。

別の学生は、綴じた視写原稿の厚さを物差しで測った。また、秤でその重さを量った。自分が成した仕事を、物理的、客観的にとらえたがった。

どの学生も、視写原稿の束を何度も手に取り、その重さを直接確かめた。それから、その束を側面から眺めて、その厚さに満足した。「私、こんなにたくさん書いたんですね。」と言うので、視写以前には最も多くて何枚書いたことがあるかと尋ねた。「五枚以上書いたことがない」というのが、平均的な答であった。百十枚の視写に「感激した」わけである。

とにかく、学生は喜んだ。自分の努力が厚さ一センチ五ミリ、重さ五二〇グラムの束として形を成したのが嬉しかった。

2

学生は落ち着いた。

当初は真直ぐ座ることが出来ず、机に盛大にもたれかかっていた。また、滑り落ちそうな程に椅子の背にもたれて天を仰ぎ、足を投げ出して座っていた。それはまるで軟体動物のようであった。

その姿勢が一変した。安定した姿勢で真直ぐに机に向かい、その姿勢を維持できるようになった。それは、机に向かって字を書く姿勢であった。

姿勢の変化は、意識の変化と一体であった。

当初、学生は負け犬のようであった。教師に対して卑屈であった。教師は教えるべきたくさんの知識を独占し、また正答を知っていた。それに対して学生は、するべき勉強をせず、逃げていた。知的優位に立つ教師に対して、後ろめたさを抱え劣等感に苛まれる学生——この不平等な関係において授業が行われていたのである。

学生は教師の顔色をうかがい、出来ないのを叱られ、出来ないのは自分の頭が悪くて努力もしないせいだと落胆した。学生は多分、次のように思っていたのだろう。

> 教師のする説明がよく分からないのは、自分の頭が悪いせいだ。教師の説明のせいではない。たとえ教師の説明のせいであったとしても、もっと分かるように説明してくれとはとても言えない。また、今の説明はちょっと変だと感じても、疑問を挟めるわけがない。勉強しない者に何が分かるかと叱られるか、なんでこんな簡単なことが分からないのかと馬鹿にされるかだ。教師に質問したり要求したりすることが出来るのは（許されているのは）、勉強が出来て自分に自信がある者だけだ。

学生は授業で当てられるのを怖れ（どうせ答えられずにまた情ない思いをする）、なるべく目立たないようにと気を遣った。教師と目を合わせないようにした。

当時、新入生にはクラス担任による面接があった。面接に際し、新入生は学校が用意した質問紙に予め回答しなければならない。新入生に嫌がられたのは、「あなたの長所は何ですか。」という質問であった。

新入生は、「先生、こんなの答えなくちゃいけませんか。」と暗い目で私を見た。「長所なんて無い。」「いい所なんてあるわけないじゃん。あるのは欠点ばっかり。」「いくら考えても長所なんて考えつきません。」……それゆえにその回答欄が空白の者が何人もいた。

そこで、「周囲の人からここがいいねと言われたことを書いてみたら？」と助け船を出した。新入生は、「他人（ひと）からいいなんて言われたことはありません。」と答えた。別の新入生はそれすら言えずに涙ぐんで下を向いた。助け船を出したつもりが、よけいに新入生を傷つけた。

このような学生に自信が生まれた。毎日毎日、机に向かって視写をしているのである。するべき勉強を逃げずに続けているのである。「他のことが聴こえなくなってしまうくらいに集中して取り組」んでいるのである。だから、学生は次のように感じていたようである。

もう後ろめたさを抱えなくてよい。教師に対して、これだけの勉強をしているんですと言うことが出来る。しかも、その成果は目で見て確かめることが出来る。日々増えていく視写原稿。次第に整っていく自分の字。それらは自分が精一杯努力している証拠である。だから、もう逃げ隠れする必要は無い。落ち着いて学生生活を送ればいいのだ。

この自信が学生に次のような意識を持たせた。

自分は「お客様」でも「困り者」でもない。するべき勉強に取り組み、さらに勉強しようという姿勢を持った人間なのだ。だから、「日本語表現」の授業を受ける資格と正当な理由が自分にはあるのだ。

学生は授業で当てられるのを怖れなくなった。何より学生には視写で蓄積した経験がある。これは学生にとって確かな拠り所である。また、宝である。授業で当てられると、学生は動じることなく落ち着いてその蓄積に照らして考え、そして答えた。

第六章第一節で、「と思う」が話題になった時の学生の発言を紹介した。例えば学生は言った（一六六ページ）。「でも、石坂さんの文章には『思う』が少し使われています。石坂さんがほかにいろんな考え方があるのを分かっていて、それでも自分の考え方を書こうと思う時には、『思う』と書いています。」

学生は考えるための材料を自分の視写経験に求めた。そして、そこでつかみとった材料を用いて具体的に答えた。当てられても動じることなく落ち着いて自分の考えを述べた。

時には、学生は教師が見逃した事実を指摘し、教えてくれた。例えば私が「石坂さんはアメリカに移り住んでからは日本の大学に縁は無かったでしょう。」と言うと、学生は、「京都大学の先生をしていたことがあります。」と教えてくれた。これは、視写をしたからこそ言い得た話である。「ちょうどこの間の日曜にそこを視写したところです。」と学生は言った。教師に教えることが出来たという経験は、学生に一層自信を持たせた。視写の話なら、教師と対等に出来る。教師に教えることも出来る。もう卑屈になる必要はなかった。

書く〈からだ〉が出来てきたと学生が実感したのは、前期試験で課されたレポートにおいてであった。その時の学生の様子を、拙論『日本語表現』授業における視写の指導」では次のように紹介した（『信州豊南短期大学紀要』第二三号、二一九ページ）。

七月に入ると、単位認定のためのレポートが各授業で一斉に課される。いくつものレポートが重なり、学生によっては合計１００枚を越える場合もある。しかし、さぞ大変だったろうと聞くと、学生は案外平気である。「そう言えば、大変は大変だったけど、毎日机に向かっても苦にはならなかったですね。別に抵抗無く自然に机の前に座れたという感じ。それに、文章を書くのも苦痛という感じはなかったし、割と自然に文章書いてたように思います。」「毎日視写するので机に向かっていたから、レポートだからといって特別今までと違うことをやるわけじゃなかった。結構、文章書けましたよ。」「レポートは一気に書けば済むから、却って楽。毎日続けるほうがずっと大変ですよ。」「視写をやってなかったら、あんなに続かなかったんじゃないかなあと思います。」

学生が落ち着いたのは、〈からだ〉がある程度（継続的に机に向かえる程度に）出来てきたからである。ある程度〈からだ〉が出来てきたから、字を書く姿勢を維持できるようになった。大量のレポートでも動じなくなった。そして、書く〈からだ〉が出来てきたという事態は、学ぶ〈からだ〉を獲得したという事態でもあった。

3

ある学生が次のように書いた（原文のまま）。

私は、最初書いていていてめんどくさいと思っていました。でも、書いているうちにだんだんと「書く」っていいなあと思い始めてきました。最初の時は、字が汚なかったのが視写を通じて書いている中で少しずつきれいな字になって行った気がしました。その時は、書いていた私も思いました。それから私は、部活のない日は机に向かって視写をやっていました。最初あんなにめんどいと思っていたのがいつのまにか楽しくなっていたし書くのが日課になっていました。他の宿題よりも視写の方をおもにやっていた気がします。だから、視写以外の宿題はまったく手につかなかったですね。それに、一つの事についてこんなに集中したのは部活いらいだったのですごいがんばれました。先生本当ありがとうございました。私もがんばれば出来ると言うことが分かりました。後期の授業もこの調子でがんばって行きたいと思います。前期はありがとうございました。

「書いているうちにだんだんと『書く』っていいなあと思い始めてきました。」と学生は右で書いた。『書く』っていいなあ」とは何か。

書く回路が〈からだ〉に作られ、それが活性化し作動する時に生じる感覚である。書く回路が活性化し作動するのが「いいなあ」と感じられるのである。それが、嬉しく楽しいのである。嬉しいから書き、楽しいから書く。それによって、回路は一層太く、強くなる。生き生きと働くようになる。

松本元氏は著書『愛は脳を活性化する』(岩波科学ライブラリー42、岩波書店、二〇〇二年)で言う(七四〜七六ページ)。

　ラットの情動実験の例でもわかるように、脳が損傷を受けていても「快」の情動を受け入れることは可能であるから、それによって脳の活性が向上し、脳内に入力される情報を処理する回路が作られるのである。この結果、情動情報が脳活性を制御し、脳が自ら価値を認めた情報を処理する神経回路が脳内に表現される。

〔略〕

脳の活性に最も支配的な情報は、「情」に関するものである。一般的に、情は低次元の心のはたらきと思われがちだが、実際には情こそ脳というエンジンをもっともよく働かせるガソリンなのである。人は情が受け入れられ、それによって意欲が上がると脳の活性も高まり、知が働くようになる。

書く行為を継続することにより、次第に安定した書く回路が出来てくる。それが働く時に「いいなあ」という感覚が生じる。嬉しく楽しいという感情が沸く。嬉しく楽しいから書く、という状態が生まれる。「意欲が上がる」から、書くという行為が促進される。書く回路が一層太く、強くなる。

学生は、このサイクルを獲得した。右の松本氏の論は、回路の形成に「情」が果たす役割の重要性を教えてくれている。

『書く』っていいなあ」は、至言である。

4

P．クロポトキン著『ある革命家の手記　(上)』(高杉一郎訳、岩波文庫、一九七九年)の「第一部　幼年時代」に次のくだりがある(四二ページ)。

先生は神話の本を半分あたりまで私たちに書き取りさせた。先生はある単語がなぜそういう特別なつづりになっているのかなどということはひと言も説明しないで、ただ私たちのあやまちを本に書いてあるとおりに訂正するだけであったが、それでも私たちはフランス語を正確に書けるようになってしまった。

夕食のあとでは、私たちはモスクワ大学法科の学生であるロシア人の先生から授業をうけた。この先生は、「ロシアの」科目はなんでも教えてくれた——文法、数学、歴史など。しかし、このころはまだむずかしい勉強は始めないで、毎日ロシアの歴史を一ページずつ私たちに書きとらせた。この実際的な方法のおかげで、私たちはまもなくロシア語を正確に書くことができるようになった。


先生は生徒にただ「書き取り」、つまり視写をさせ、それを見守る。先生の唯一の仕事は、綴りの誤りを訂正することである。私が行ってきた作文指導（大学・短大や看護専門学校での実践）は、この指導法以上の成果を上げることが出来たのだろうか。また、この指導法とどのように関係するのか。これは、私にとって大変気になる問題であった。

さらに、さまざまな国語の研究授業（小中学校での実践）を参観し、さまざまな国語の指導法の提案を分析する時も、常に思った。この指導法は、あの二人の家庭教師の先生が行った単純で地味な指導法以上の仕事を成し得るのか。それとどのような関係にあるととらえるべきなのか。

本書で報告した私の短大での授業は、この問題意識において行ったものである。それは、その意味で実験であった。その実験の目的は、三つあった。
(1)　あの単純で地味な指導法がもつ力を明らかにすること。
(2)　小さいクロポトキンの頭の中でどのような学習が行われているかを明らかにすること。
(3)　小さいクロポトキンの〈からだ〉に、そのとき何が起きているのかを明らかにすること。

読み書き教育において、視写とは何か。この問題を、私の作文の授業、あるいは小中学校での国語の授業を素材として具体的に論究するのが、私の今後の課題である。

註

1　学生の低学力に直面した最大の要因は、改組に際して推薦入試の出願資格から高校の評定平均値に関する要件を削除したことであった。改組以前からすでに、学生の大半を推薦入試で集めざるを得なくなっていた。その推薦入試で足切りをやめた。学生の大半が学力を問われることなく入学してきた。
改組は、専門の枠を無くし、「教養」系の単科の短大にするというものであった。（それまでは、国文科と英語科に分かれ、それぞれの専門教育を行ってきた。）しかも、必修の授業を最小限に減らし、自由選択の授業を大幅に増やした。学生は、専門教育とは無縁の種々雑多な授業をあれこれつまみ食いし、大して勉強しなくても卒業は出来るようになった。つまり、楽に入学でき、楽に卒業できるようになった。短大は、低学力に対処する力を失った。

2　この日使ったのは、次の投書である。
「身をもって『責任』教えた教師」（朝日新聞一九七二年一月一九日付朝刊）
また、教職課程におけるこの投書を使った授業の方法は、次の二つの拙論で紹介している。
（1）「社会的問題の討論・論争の指導」（『岩波講座　教育の方法　第五巻　社会と歴史の教育』岩波書店、一九八九年）
（2）「作文指導の方法（一）――いかに分析するか①――」（『信州豊南女子短期大学紀要』第九号、一九九二年）

3　『日本語表現』授業における視写の指導」、『信州豊南短期大学紀要』第二三号、平成一八年、二〇三～二〇七ページ。
この「『日本語表現』授業における視写の指導」は、本書の元となった実践報告である。

4　浅田次郎氏の視写歴は、中学生の時分にはすでに始まっていたようである。氏は、「恩人について」と題するエッセイでその経緯を書く。
「Nさんは学校のそばのアパートに独り住まいをしていた。実家は広尾あたりの裕福な家であったから、わざわざアパート住まいをしていた理由は知らない。

文学書と原稿用紙でうずめつくされたその部屋に、私は入りびたるようになった。私はその部屋で、読めと言われたものを読み、写せと言われた小説を原稿用紙に書き写した。中学の三年間、放課後と週末のその生活は、私にとって学校での学問よりもずっと意味が重かった。私はNさんの興味の赴くままに、鷗外を読み、荷風を愛し、谷崎を写し、川端を誦《しょう》した。」(浅田次郎『勇気凜々ルリの色　四十肩と恋愛』講談社文庫、二〇〇一年、二七四ページ)

5 「私の履歴書」は全三十回の連載であった。したがって、①から㉚までの丸囲み数字が各回に記されている。これ以後の「私の履歴書」に付された丸囲み数字は、全て、この連載回数を示す。

6 大久保忠利『日本文法の心理と論理』国土社、一九七四年、二九～三一ページ。

7 『日本語表現』授業における視写の指導」二〇九～二一〇ページ。

8 「列島インタビュー　作家の登竜門～芥川賞・直木賞選考の舞台裏」『ラジオ深夜便』二〇〇九年一月号、NHKサービスセンター、七五ページ。

9 石川九楊『書に通ず』新潮社、二〇〇二年、三五ページ。

10 「私の履歴書」㉘　三月二九日。点線による省略、最後の「許してください」の後に句点が無いこと、共に㉘の原文のままである。

11 時枝誠記『国語学原論』岩波書店、昭和四九年。例えば「第三章　文法論　二　単語に於ける詞・辞の分類とその分類基礎」。

12 例えば、『言語』第三七巻第三号（大修館書店、二〇〇八年三月）では、「特集　大学生のための言語表現技法」を組み、学生に対する読み書き教育の実践を紹介している。授業科目「日本語表現」の創設に関わられた筒井洋一氏をはじめ諸氏の論稿で、さまざまな実践を知ることが出来る。

13 本シリーズ『大学の授業実践』における宇佐美寛『作文の教育――〈教養教育〉批判――』（東信堂、二〇一〇年）では、金子泰子氏の実践に対する批判が行われている（特に六六～六七ページ）。しかし、註12で紹介した『言語』誌の特集に収められた諸氏の論稿では、このような実践に対する批判は無い。比較・検討、相互批判は不在である。

14 「あるらしい。」と書いたのは、佐渡島氏の論文「早稲田大学における学術的文章作成授業」では作文の提出方法が分からなかったからである。「早稲田大学オープン教育センター」のホームページ（http://www.waseda.jp/open/index/info/gakujutubunsho_trial.jtml）には二〇〇七年の授業概要に「メール添付で提出します。」と書いてある。おそらく、例年、学生は手書き原稿ではなくコンピューターで作成した作文を送信しているのであろう。

15 佐渡島氏は「〈序論・本論・結論〉」を「〈序論・本文・結論〉」とも書く（七五ページ）。「本文」は「本論」の誤りであろう。「序論」「結論」と併置できるのは「本論」である。「本文」を併置するのはカテゴリーまちがい（category mistake）である。「本文」とは、「図版・目次・序文などを除いた、本体となる文章」（『類語大辞典』講談社）である。「本文」は「序論」「本論」「結論」から成る。

あとがき

本書の草稿に直しを入れていた三月十一日、東日本大震災が起きた。ここ富山では歩いている者にはほとんど気付かない程度ではあったが、ゆっくりとした揺れが長く続いた。遠くで大きな地震が起きたのではないかと思った。ただごとではない事態を直感した。

本書の第五章第一節と第二節は、福島大学大学院人間発達研究科の入試問題の文章に対する批判である。語の異同に対する意識とはどのようなものであるのか。それが刺激され育つには何が必要か。それらを具体的に論じ、明らかにするために、福島大学大学院人間発達研究科の胸をお借りしたのである。右の論述の目的が果たされたとすれば、それは、福島大学大学院人間発達研究科のおかげである。厚く御礼申し上げる。

この震災により福島大学が被られた被害は、筆舌に尽くしがたいものであろうと拝察する。心よりお見舞い申し上げる。

本シリーズ『大学の授業実践』シリーズの監修者、宇佐美寛先生には、言葉に尽くせぬ学恩を賜った。本書の元となったのは、拙論「『日本語表現』授業における視写の指導」(『信州豊南短期大学紀要』第二三号、平成一八年)である。この拙論をお目にかけてから本書の脱稿に到るまでの間(脱稿した後も、なのであるが)、先生から絶えずたくさんの御指導、御助言を賜った。それらの御指導、御助言を賜って、本書はどうにか形を成すことが出来たのである。この御恩に対して感謝申し上げるのに適切な言葉を見出すことが出来ない。ただただ、厚く御礼申し上げるばかりである。

拙論をお目にかけた後、「これをふくらませて本にせよ。」というお言葉を賜った。「ぜい肉でふくらませても駄目です。」という御注意も同時にいただいた。それから今に到るまで、拙論の粗く未熟な内容を鍛え直し「ふくらませ」るために、私は数え切れない御指導、御助言を賜り続けたのである。

例えば先生は、「視写論とは意識論なのだ。」という趣旨の短いお言葉を書き送って下さった。このお言葉で、私は論述すべき方向をつかむことが出来た。論述の方向を定め切れず手探りしていた時、そのお言葉で目からうろこが落ちた。

先生は、「この本は君一人では書けなかった。」とおっしゃった。その通りである。御礼の申し上げようもない。同時に、忸怩たる思いでもある。

力足りず、御指導、御助言を生かせなかった所は多い。これでは御指導を無にしているではないかと思う部分を草稿に見出すたびに、身の縮む思いがする。まことに申し訳ないことである。精進するほかはない。

東信堂社長、下田勝司氏には、本書の出版にあたりひとかたならぬ御指導、御高配を賜った。特に、この震災で混乱を極める状況での出版は、平穏な時とは比較にならない多大な御心労をおかけするものであった。出版の環境がこの震災を境に一変したからである。本書を世に出すことが出来たのは、ひとえに、氏の御指導と御高配のおかげである。厚く厚く御礼申し上げる。

最後に申し添える。

本書の草稿の一部を小中学校の先生方に読んでいただき、次のような御意見を賜った。

「今、子どもの書字経験がめっきり減っている。小中学校でこそ視写が必要なのだ。」

本書がこの危機感に応え、小中学校での視写教育を考えるための一助になれば幸いである。

二〇一一年四月三日

池田久美子

シリーズ『大学の授業実践』監修の志

監修者　宇佐美　寛
（千葉大学名誉教授）

広く、大学生の学力の低さ（学習意欲の無さ）が慨嘆されている。慨嘆は当然・正当である。もちろん、この病気は大学に入ってから急にかかったものではない。小学校以来の教育の内容・方法の結果である。

しかし、大学の教員としては、まず自分の責任がある範囲で、この病気と戦わねばならない。その努力をせずに他者の守備範囲のことを批判しても虚しい。説得力を欠き、相手にされない。大学の授業を変えよう。

授業を自覚的に変えなければ、入学試験も変え得ない。「私がするような望ましい授業で学ぶための学力は、どのようなものであるべきか。」こう問うからこそ、入学に必要な学力が明確に把握できるのである。また、高校やそれ以前の段階の学校教育に対する批判・要求をするための基準は、自分の授業である。生身の学生相手の授業で苦労しているからこそ、大学入学以前の教育の欠陥が見えるのである。

自分は今までどんな授業をしてきたか。自分に対して、こう問わねばならない。そして、この問いに対して、具体的に明確に答えねばならない。つまり、自分の授業の現実を報告するのである。

このように、自分の実践に基づくのでなければ、改革の提案をする資格は無い。「自分がしてきたこととの関係でのみ、ものを言える。これがおとなの社会のルールなのだ。」（宇佐美寛『大学の授業』東信堂、一九九九年、一六〇ページ）

自分の実践であるからこそ、細かい事実まで、わかっている。何よりも、授業の相手である学生を知っている。報告・提案の読者から疑問・批判が呈されるかもしれない。その場合、応答の責任を果たし得るのは、自分自身の実践であり自分がもっともよく知っている事柄についてだからである。

自分の授業実践を書くのは、少なくとも本一冊の量の詳しさでなければならない。その一冊を一人で書き抜くべきである。

複数の筆者から、各人たかだか原稿用紙数十枚くらいの原稿を求め、それをまとめたような貧弱さでは、今日の大学の授業の問題点・対処策はとうてい書けない。粗大な抽象論になるだけである。さらに、外国書の翻訳は論外である。一応の参考にしかならない。

自分の頭で自分の実践を具体的に詳しく考えるのでなければ、現実は変え得ないのである。

私は、右のように信じているので、前記の『大学の授業』（東信堂）を一人で書き抜いた。このように自分の実践について一冊という規模で書いた本は、大学の授業については、他には無いようである。この本は広く好評を得てはいるが、他に類書が皆無であるという現状ゆえに好評なのだという要因もあるらしい。悲しい。残念である。

だから、私は右のような私の考えに共感してくれる、より若い大学教師たちに各自の責任で一冊ずつ書くように提案した。

一冊という余裕があるからこそ、自分の責任がとれるのである。「スペースがもう無いので、今回は……」という遁辞で書くべきことを省くという逃げ道も無い。

私は、このシリーズの著者たちに私の『大学の授業』を参考にして書くようにと助言した。あの本は、良かれ悪しかれ、私の責任で私自身の授業を書いた本である。書いている事実についてもっとも詳しく知っているのは私自身だという自信に基づいて書き進めた。書いていて壮快感を持った本である。

『大学の授業』を真剣に参考にしたならば、各自の著書は次の各項を本質的部分とするべきだということが見えるはずである。

一、自分が教えている学生の実態はどのようなものであると見たのか。特に学力はどのような状態であると見たのか。

二、どのような学力の状態を望ましい目標であると見なしたのか、つまり、学生の学力をどのような状態にまで変えたかったのか。

三、右の目標のために、どんな内容・方法で授業をしたのか。

四、その結果、学力の状態はどう変わったのか。

つまり、一、現状の把握、二、目標の構想、三、内容・方法の構想・実行、四、結果の確認という四項である。私は『大学の授業』をこの四項を本質的部分として書いたつもりである。

「各自の責任で」書くとは、監修者である私があまり批判・指導を加えないということである。重大な不適切・過誤でもない限り黙ってみていようと思う。批判は読者がする。

〈監修〉という仕事はどうあるべきか、どの範囲で機能すべきかという面白い問題の研究になる。

二〇〇一年二月六日

著者紹介

池田久美子（いけだくみこ）

略　歴

一九七四年　東京教育大学教育学部教育学科卒業
一九七八年　東京大学大学院教育学研究科学校教育学専門課程修士課程修了
一九八一年　慶應義塾大学大学院社会学研究科教育学専攻博士課程単位修得満期退学
一九八三年　信州豊南女子短期大学講師
一九八七年　同、助教授
一九九五年　同、教授
二〇〇六年　退職
現在、諏訪赤十字看護専門学校（長野県）非常勤講師（「看護のための論理学」担当）

なお、次の大学、専門学校等で非常勤講師を務めた。

厚生省看護教員養成講習会、杉野女子大学短期大学部、国立療養所東京病院附属看護学校、国立療養所村山病院附属看護学校、国立病院医療センター附属看護学校、日本看護協会、放送大学（諏訪地区学習センター）、長野県公衆衛生専門学校、三育学院大学等。

著書・論文

1 『「近現代史の授業改革」批判』(宇佐美寛氏との共著)、黎明書房、一九九七年
2 『岩波講座　教育の方法　第五巻　社会と歴史の教育』第Ｖ章(分担執筆)、岩波書店、一九八七年
3 『〈討論〉言語技術教育』第二章、第五章、(宇佐美寛編著、分担執筆)、明治図書、一九九一年
4 『作文の論理――〈わかる文章〉の仕組み――』第３部(宇佐美寛編著、分担執筆)、東信堂、一九九八年
5 「動的相対主義の無基準性――特に『確定』『不確定』について――」(教育哲学会『教育哲学研究』第40号)一九七九年
6 「『はいまわる経験主義』の再評価――知識生長過程におけるアブダクションの論理――」(教育哲学会『教育哲学研究』第44号)一九八一年
7 「『日本語表現』における視写の指導」(『信州豊南短期大学紀要』第二十三号)二〇〇六年
8 「読み書きにおける『論理的思考』――『教室語』が考える力を奪う――」(『教育と医学』No.663、二〇〇八年九月号、慶應義塾大学出版会)

現住所
〒九三〇―〇八〇四　富山県富山市下新町一二―一四

マ行

ヤ行

ラ行

ワ行

サ行

タ行

ナ行

ハ行

索　引

シリーズ『大学の授業実践』3

視写の教育——〈からだ〉に読み書きさせる

2011年11月30日　初　版第1刷発行　〔検印省略〕
2018年11月10日　初　版第3刷発行　定価はカバーに表示してあります。

著者©池田久美子／発行者 下田勝司　印刷・製本／中央精版印刷

東京都文京区向丘1-20-6　郵便振替 00110-6-37828　発行所
〒113-0023　TEL (03) 3818-5521　FAX (03) 3818-5514　株式会社 東 信 堂

Published by TOSHINDO PUBLISHING CO., LTD.
1-20-6, Mukougaoka, Bunkyo-ku, Tokyo, 113-0023, Japan
E-mail : tk203444@fsinet.or.jp http://www.toshindo-pub.com

ISBN978-4-7989-0092-6 C3337 © K.IKEDA

東信堂

大学の自己変革とオートノミー―点検から創造へ	寺﨑昌男	二五〇〇円
大学教育の創造―歴史・システム・カリキュラム	寺﨑昌男	二五〇〇円
大学教育の可能性―教養教育・評価・実践	寺﨑昌男	二五〇〇円
大学は歴史の思想で変わる―FD・評価・私学	寺﨑昌男	二八〇〇円
大学改革 その先を読む	寺﨑昌男	一三〇〇円
大学自らの総合力―理念とFD そしてSD	寺﨑昌男	二〇〇〇円
高等教育質保証の国際比較	羽田貴史・米澤彰純・杉本和弘 編	三六〇〇円
大学教育のネットワークを創る―FDの明日へ	京都大学高等教育研究開発推進センター編 松下佳代編集代表	三二〇〇円
ポートフォリオが日本の大学を変える―ティーチング/ラーニング/アカデミック・ポートフォリオの活用	土持ゲーリー法一	二五〇〇円
ティーチング・ポートフォリオ―授業改善の秘訣	土持ゲーリー法一	二〇〇〇円
ラーニング・ポートフォリオ―学習改善の秘訣	土持ゲーリー法一	二五〇〇円
大学教育改革と授業研究―大学教育実践の「現場」から	須藤敏昭	一八〇〇円
学士課程教育の質保証へむけて―学生調査と初年次教育からみえてきたもの	山田礼子	三二〇〇円
大学教育を科学する―学生の教育評価の国際比較	山田礼子編著	三六〇〇円
初年次教育でなぜ学生が成長するのか―全国大学調査からみえてきたこと	河合塾編著	二八〇〇円
アクティブラーニングでなぜ学生が成長するのか―経済系・工学系の全国大学調査からみえてきたこと	河合塾編著	二八〇〇円
教育哲学問題集―教育問題の事例分析	宇佐美寛	二八〇〇円
教育哲学	宇佐美寛	二四〇〇円
〔新訂版〕大学の授業	宇佐美寛	二五〇〇円
大学授業の病理―FD批判	宇佐美寛	二五〇〇円
授業研究の病理	宇佐美寛	二五〇〇円
大学授業入門	宇佐美寛	一六〇〇円
作文の論理―〈わかる文章〉の仕組み	宇佐美寛編著	一九〇〇円
作文の教育―〈教養教育〉批判	宇佐美寛	二〇〇〇円
問題形式で考えさせる	大田邦郎	二〇〇〇円
視写の教育―〈からだ〉に読み書きさせる	池田久美子	二四〇〇円

〒 113-0023 東京都文京区向丘 1-20-6　TEL 03-3818-5521　FAX03-3818-5514　振替 00110-6-37828
Email tk203444@fsinet.or.jp　URL:http://www.toshindo-pub.com/

※定価：表示価格（本体）＋税

東信堂

子どもが生きられる空間—生・経験・意味生成	高橋勝	二四〇〇円
流動する生の自己生成—教育人間学の視界	高橋勝	二四〇〇円
子ども・若者の自己形成空間—教育人間学の視線から	高橋勝編著	二七〇〇円
文化変容のなかの子ども—経験・他者・関係性	高橋勝	二三〇〇円
関係性の教育倫理—教育哲学的考察	川久保学	二八〇〇円
マナーと作法の社会学	加野芳正編著	二四〇〇円
マナーと作法の人間学	矢野智司編著	二〇〇〇円
学びを支える活動へ—存在論の深みから	田中智志編著	二〇〇〇円
グローバルな学びへ—協同と刷新の教育	田中智志編著	二〇〇〇円
教育の共生体へ—ボディエデュケーショナルの思想圏	田中智志編	三五〇〇円
人格形成概念の誕生—近代アメリカの教育概念史	田中智志	三六〇〇円
社会性概念の構築—アメリカ進歩主義教育の概念史	田中智志	三八〇〇円
教員養成を哲学する—教育哲学に何ができるか	林泰成・山名淳・下司晶・古屋恵太編著	四二〇〇円
大学教育の臨床的研究—臨床的人間形成論第1部	田中毎実	二八〇〇円
臨床的人間形成論の構築—臨床的人間形成論第2部	田中毎実	二八〇〇円
君は自分と通話できるケータイを持っているか—「現代の諸課題と学校教育」講義	小西正雄	二〇〇〇円
教育文化人間論—知の逍遥/論の越境	小西正雄	二四〇〇円
教育による社会的正義の実現—アメリカの挑戦(1945-1980)	D・ラヴィッチ著 末藤美津子訳	五六〇〇円
学校改革抗争の100年—20世紀アメリカ教育史	D・ラヴィッチ著 末藤・宮本・佐藤訳	六四〇〇円
〈シリーズ 日本の教育を問いなおす〉		
拡大する社会格差に挑む教育	西村和雄・大森不二雄・倉元直樹・木村拓也編	二四〇〇円
混迷する評価の時代—教育評価を根底から問う	西村和雄・大森不二雄・倉元直樹・木村拓也編	二四〇〇円
教育における評価とモラル	西村和雄・戸瀬信之編	二四〇〇円
地上の迷宮と心の楽園〔コメニウスセレクション〕	J・コメニウス 藤田輝夫訳	三六〇〇円

〒113-0023 東京都文京区向丘 1-20-6 TEL 03-3818-5521 FAX03-3818-5514 振替 00110-6-37828
Email tk203444@fsinet.or.jp URL:http://www.toshindo-pub.com/

※定価：表示価格（本体）＋税

東信堂

- 現代教育制度改革への提言 上・下 — 日本教育制度学会編 — 各二八〇〇円
- 教育改革への提言集 第1集〜第5集 — 日本教育制度学会編 — 各二八〇〇円
- 現代日本の教育課題—二一世紀の方向性を探る — 村田翼夫・上田 学 編著 — 二八〇〇円
- バイリンガルテキスト現代日本の教育 — 村田翼夫・山口 満 編著 — 三八〇〇円
- 転換期を読み解く—潮木守一時評・書評集 — 潮木守一 — 二六〇〇円
- 大学再生への具体像—大学とは何か【第二版】 — 潮木守一 — 二四〇〇円
- フンボルト理念の終焉？—現代大学の新次元 — 潮木守一 — 二五〇〇円
- いくさの響きを聞きながら—横須賀そしてベルリン — 潮木守一 — 二四〇〇円
- 国立大学法人の形成 — 大﨑 仁 — 二六〇〇円
- 国立大学・法人化の行方—自立と格差のはざまで — 天野郁夫 — 三六〇〇円
- 転換期日本の大学改革—アメリカと日本 — 江原武一 — 三六〇〇円
- 私立大学マネジメント — ㈳私立大学連盟編 — 四七〇〇円
- 私立大学の経営と拡大・再編—一九八〇年代後半以降の動態 — 両角亜希子 — 四二〇〇円
- 大学の発想転換—体験的イノベーション論二五年 — 坂本和一 — 二〇〇〇円
- 大学のイノベーション — 坂本和一 — 二六〇〇円
- 30年後を展望する中規模大学—マネジメント・学習支援・連携 — 市川太一 — 二五〇〇円
- 大学のカリキュラムマネジメント — 中留武昭 — 三二〇〇円
- 教育機会均等への挑戦—授業料と奨学金の8カ国比較 — 小林雅之編著 — 六八〇〇円
- アメリカ連邦政府による大学生経済支援政策 — 犬塚典子 — 三八〇〇円
- 〔新版〕大学事務職員のための高等教育システム論—より良い大学経営専門職となるために — 山本 眞一 — 一六〇〇円
- アメリカ大学管理運営職の養成 — 高野篤子 — 三二〇〇円
- アメリカにおける多文化的歴史カリキュラム — 桐谷正信 — 三六〇〇円
- アメリカ公民教育におけるサービス・ラーニング — 唐木清志 — 四六〇〇円

〒113-0023 東京都文京区向丘 1-20-6　TEL 03-3818-5521　FAX03-3818-5514　振替 00110-6-37828
Email tk203444@fsinet.or.jp　URL:http://www.toshindo-pub.com/

※定価：表示価格（本体）＋税

東信堂

比較教育学事典	日本比較教育学会編	一二〇〇〇円
トランスナショナル高等教育の国際比較—留学概念の転換	杉本 均編著	三六〇〇円
比較教育学の地平を拓く	山田肖子・森下稔編著	四六〇〇円
比較教育学—越境のレッスン	馬越 徹	三六〇〇円
比較教育学—伝統・挑戦・新しいパラダイムを求めて	M・ブレイ編著　馬越徹・大塚豊監訳	三八〇〇円
国際教育開発の再検討—途上国の基礎教育普及に向けて	北村友人・西村幹子・小川啓一編著	二四〇〇円
中国教育の文化的基盤	顧明遠著　大塚豊監訳	二九〇〇円
中国大学入試研究—変貌する国家の人材選抜	大塚 豊	三六〇〇円
中国高等教育独学試験制度の展開	南部広孝	三二〇〇円
中国の職業教育拡大政策—背景・実現過程・帰結	劉 文君	五〇四八円
中国高等教育の拡大と教育機会の変容	王 傑	三九〇〇円
現代中国初中等教育の多様化と教育改革	楠山 研	三六〇〇円
ドイツ統一・EU統合とグローバリズム—教育の視点からみたその軌跡と課題	木戸 裕	六〇〇〇円
教育における国家原理と市場原理—チリ現代教育史に関する研究	斉藤泰雄	三八〇〇円
中央アジアの教育とグローバリズム	嶺井明子・川野辺敏編著	三二〇〇円
インドの無認可学校研究—公教育を支える「影の制度」	小原優貴	三二〇〇円
バングラデシュ農村の初等教育制度受容	日下部達哉	三六〇〇円
オーストラリアのグローバル教育の理論と実践—開発教育研究の継承と新たな展開	木村 裕	三六〇〇円
オーストラリアの教員養成とグローバリズム—多様性と公平性の保証に向けて	本柳とみ子	三六〇〇円
[新版]オーストラリア・ニュージーランドの教育—グローバル社会を生き抜く力の育成に向けて	青木麻衣子・佐藤博志編著	二〇〇〇円
オーストラリアの言語教育政策—多文化主義における「多様性と」「統一性」の揺らぎと共存	青木麻衣子	三八〇〇円
オーストラリア学校経営改革の研究—自律的学校経営とアカウンタビリティ	佐藤博志	三八〇〇円
戦後オーストラリアの高等教育改革研究	杉本和弘	五八〇〇円
マレーシア青年期女性の進路形成	鴨川明子	四七〇〇円
「郷土」としての台湾—郷土教育の展開にみるアイデンティティの変容	林 初梅	四六〇〇円
戦後台湾教育とナショナル・アイデンティティ	山﨑直也	四〇〇〇円

〒113-0023　東京都文京区向丘 1-20-6　　TEL 03-3818-5521　FAX03-3818-5514　振替 00110-6-37828
Email tk203444@fsinet.or.jp　URL:http://www.toshindo-pub.com/

※定価：表示価格（本体）＋税

東信堂

- ハンス・ヨナス「回想記」　H・ヨナス　盛永・木下・馬渕・山本訳　四八〇〇円
- 責任という原理——科学技術文明のための倫理学の試み〔新装版〕　H・ヨナス　加藤尚武監訳　四八〇〇円
- 原子力と倫理——原子力時代の自己理解　Th・リット　小笠原道雄編　一八〇〇円
- 生命科学とバイオセキュリティ——デュアルユース・ジレンマとその対応　四ノ宮成祥・河原直人編著　二四〇〇円
- バイオエシックス入門〔第3版〕　今井道夫・香川知晶編　二三八一円
- バイオエシックスの展望　坂井昭宏・松浦悦子編著　三二〇〇円
- 死の質——エンド・オブ・ライフケア世界ランキング　丸祐一・小野谷加奈恵・飯田亘之訳　一二〇〇円
- 生命の神聖性説批判　H・クーゼ著　飯田・石川・小野谷・片桐・水野訳　四六〇〇円
- 医療・看護倫理の要点　水野俊誠　二〇〇〇円

- 概念と個別性——スピノザ哲学研究　朝倉友海　四六四〇円
- 〈現われ〉とその秩序——メーヌ・ド・ビラン研究　村松正隆　三八〇〇円
- 省みることの哲学——ジャン・ナベール研究　越門勝彦　三二〇〇円
- ミシェル・フーコー——批判的実証主義と主体性の哲学　手塚博　三二〇〇円
- カンデライオ（ジョルダーノ・ブルーノ著作集 1巻）　加藤守通訳　三二〇〇円
- 原因・原理・一者について（ジョルダーノ・ブルーノ著作集 3巻）　加藤守通訳　三二〇〇円
- 傲れる野獣の追放（ジョルダーノ・ブルーノ著作集 5巻）　加藤守通訳　四八〇〇円
- 英雄的狂気（ジョルダーノ・ブルーノ著作集 7巻）　加藤守通訳　三六〇〇円

〔哲学への誘い——新しい形を求めて　全5巻〕
- 哲学の立ち位置　松永澄夫・鈴木泉編　三二〇〇円
- 哲学の振る舞い　松永澄夫・村瀬鋼編　三二〇〇円
- 社会の中の哲学　松永澄夫・高橋克也編　三二〇〇円
- 世界経験の枠組み　松永澄夫・伊佐敷隆弘編　三二〇〇円
- 自己　松永澄夫・浅田淳一編　三二〇〇円

- 価値・意味・秩序——もう一つの哲学概論：哲学が考えるべきこと　松永澄夫　三九〇〇円
- 哲学史を読むⅠ・Ⅱ　松永澄夫　各三八〇〇円
- 言葉は社会を動かすか　松永澄夫編　二三〇〇円
- 言葉の働く場所　松永澄夫編　二三〇〇円
- 食を料理する——哲学的考察　松永澄夫　二〇〇〇円
- 言葉の力（音の経験・言葉の力第Ⅰ部）　松永澄夫　二五〇〇円
- 音の経験（音の経験・言葉の力第Ⅱ部）——言葉はどのようにして可能となるのか　松永澄夫　二八〇〇円

〒 113-0023　東京都文京区向丘 1-20-6　TEL 03-3818-5521　FAX03-3818-5514　振替 00110-6-37828
Email tk203444@fsinet.or.jp　URL:http://www.toshindo-pub.com/

※定価：表示価格（本体）＋税

東信堂

オックスフォード キリスト教美術・建築事典	P&L・マレー著 中森義宗監訳	三〇〇〇〇円
イタリア・ルネサンス事典	J・R・ヘイル編 中森義宗監訳	七八〇〇円
美術史の辞典	P・デューロ他 中森義宗・清水忠訳	三六〇〇円
書に想い 時代を読む	河田悌一	一八〇〇円
日本人画工 牧野義雄—平治ロンドン日記	ますこ ひろしげ	五四〇〇円
〔芸術学叢書〕		
芸術理論の現在—モダニズムから	藤枝晃雄 谷川渥 編著	三八〇〇円
絵画論を超えて	尾崎信一郎	四六〇〇円
美を究め美に遊ぶ—芸術と社会のあわい	江藤光紀 荻野厚志 田中佳 編著	二八〇〇円
バロックの魅力	小穴晶子編	二六〇〇円
新版 ジャクソン・ポロック	藤枝晃雄	二六〇〇円
美学と現代美術の距離—アメリカにおけるその乖離と接近をめぐって	金悠美	三八〇〇円
ロジャー・フライの批評理論—知性と感受性の間で	要真理子	四二〇〇円
レオノール・フィニ—境界を侵犯する新しい種	尾形希和子	二八〇〇円
いま蘇るブリア＝サヴァランの美味学	川端晶子	三八〇〇円
〔世界美術双書〕		
バルビゾン派	井出洋一郎	二〇〇〇円
キリスト教シンボル図典	中森義宗	二三〇〇円
パルテノンとギリシア陶器	関隆志	二三〇〇円
中国の版画—唐代から清代まで	小林宏光	二三〇〇円
象徴主義—モダニズムへの警鐘	中村隆夫	二三〇〇円
中国の仏教美術—後漢代から元代まで	久野美樹	二三〇〇円
セザンヌとその時代	浅野春男	二三〇〇円
日本の南画	武田光一	二三〇〇円
画家とふるさと	小林忠	二三〇〇円
ドイツの国民記念碑—一八一三—一九一三年	大原まゆみ	二三〇〇円
日本・アジア美術探索	永井信一	二三〇〇円
インド、チョーラ朝の美術	袋井由布子	二三〇〇円
古代ギリシアのブロンズ彫刻	羽田康一	二三〇〇円

〒113-0023 東京都文京区向丘 1-20-6　TEL 03-3818-5521　FAX03-3818-5514　振替 00110-6-37828
Email tk203444@fsinet.or.jp　URL:http://www.toshindo-pub.com/

※定価：表示価格（本体）＋税

東信堂

〈未来を拓く人文・社会科学シリーズ〈全17冊・別巻2〉〉

科学技術ガバナンス	城山英明編	一八〇〇円
ボトムアップな人間関係—心理・教育・福祉・環境・社会の12の現場から	サトウタツヤ編	一六〇〇円
高齢社会を生きる—老いる人／看取るシステム	清水哲郎編	一八〇〇円
家族のデザイン	小長谷有紀編	一八〇〇円
水をめぐるガバナンス—日本、アジア、中東、ヨーロッパの現場から	蔵治光一郎編	一八〇〇円
生活者がつくる市場社会	久米郁夫編	一八〇〇円
グローバル・ガバナンスの最前線—現在と過去のあいだ	遠藤乾編	二二〇〇円
資源を見る眼—現場からの分配論	佐藤仁編	二〇〇〇円
これからの教養教育—「カタ」の効用	葛西康徳・鈴木佳秀編	二〇〇〇円
「対テロ戦争」の時代の平和構築—過去からの視点、未来への展望	黒木英充編	一八〇〇円
企業の錯誤／教育の迷走—人材育成の「失われた一〇年」	青島矢一編	一八〇〇円
日本文化の空間学	桑子敏雄編	二二〇〇円
千年持続学の構築	木村武史編	一八〇〇円
多元的共生を求めて—〈市民の社会〉をつくる	宇田川妙子編	一八〇〇円
芸術は何を超えていくのか?	沼野充義編	一八〇〇円
芸術の生まれる場	木下直之編	二〇〇〇円
文学・芸術は何のためにあるのか?	吉岡洋・岡田暁生編	二〇〇〇円
紛争現場からの平和構築—国際刑事司法の役割と課題	城山英明・石田勇治・遠藤乾編	二八〇〇円
〈境界〉の今を生きる	荒川歩・川喜田敦子・谷川竜一・内藤順子・柴田晃芳編	一八〇〇円
日本の未来社会—エネルギー・環境と技術・政策	城山英明・鈴木達治郎・角和昌浩編	二二〇〇円

〒113-0023　東京都文京区向丘 1-20-6　　TEL 03-3818-5521　FAX03-3818-5514　振替 00110-6-37828
Email tk203444@fsinet.or.jp　URL:http://www.toshindo-pub.com/

※定価：表示価格（本体）＋税